GUEPELBE KEBKIBA

LES DROITS DE L'ENFANT AU TCHAD

Éditions Toumaï
L'éditeur de nouveaux talents

Éditions Toumaï
Avenue Taïwan
B.P: 5451 N'Djaména-Tchad
Tél:+235 63 05 65 02
e-mail: editionstoumai30@yahoo.com

ISBN : *978-2-37670-081-4*

Cet ouvrage a fait l'objet d'une première publication aux Éditions Toumaï en Juin 2021

N'Djaména, Juin 2021

« L'humanité doit donner à l'enfant ce qu'elle a de meilleur » **(Déclaration de la Société Des Nations (SDN) de Genève de 1924)**

LISTE DES ABRÉVIATIONS ET ACRONYMES

ACAT : Action des Chrétiens pour l'Abolition de la Torture, section du Tchad ;
ADH : Associations de Défense des Droits de l'Homme ;
APLFT : Association pour la Promotion des Libertés Fondamentales au Tchad ;
Al : Alinéa ;
Art. : Article ;
CADBE : Charte Africaine des Droits et du Bien-Être de l'Enfant ;

C. CIV. : Code civil (Code civil français de 1958 rendu applicable au Tchad par l'Acte législatif N°001 portant Constitution du 31 mars 1959 et par la loi constitutionnelle N°002/62 du 16 avril 1962) ;

CDE : Convention (des Nations unies) relative aux Droits de l'Enfant ;
CF. : Confer à, indication qui renvoie le lecteur à un passage précis d'un document quelconque ou à une référence précise d'un texte législatif ;
CICR : Comité International de la Croix Rouge ;
CPPT : Code de Procédure Pénale Tchadien (Ancien) ;
CPT : Code Pénal Tchadien (Ancien) ;
CTT : Code du Travail Tchadien ;
DUDH : Déclaration Universelle des Droits de l'Homme (du 10 décembre 1948) ;
EDS- MICS : Enquête Démographique et de Santé et à Indicateurs Multiples ;
Etc. : Et cetera ou Et cetera, qui signifie *« et tout ce qui s'en suit »*, ou *« et ainsi de suite »* ;

FCFA : Francs de la Communauté Française d'Afrique (la monnaie en vigueur au Tchad) ;
GN : Gendarmerie Nationale ;
HCR : Haut-Commissariat des Nations Unies pour les Réfugiés ;
Infra : Voir plus loin dans le texte, indication qui renvoie le lecteur à un passage suivant du présent ouvrage ;
INSEED : Institut National de Statistique, des Études Économiques et Démographiques (N'Djamena- TCHAD) ;
IST : Infections Sexuellement Transmissibles ;
JADD/AADD : Jugement Avant Dire Droit/ Arrêt Avant Dire Droit ;
LTDH : Ligue Tchadienne des Droits de l'Homme ;
MGF : Mutilation Génitale Féminine (synonyme de l'excision) ;
MST : Maladie Sexuellement Transmissible ;
MST-IST : Maladie et Infection Sexuellement Transmissibles ;
NCPPT : Nouveau Code de Procédure Pénale Tchadien ;
NCPT : Nouveau Code Pénal Tchadien ;
NTIC : Nouvelles Technologies de l'Information et de la Communication ;
OIM : Organisation Internationale pour les Migrations ;
OIT : Organisation Internationale du Travail ;
ORD. : Ordonnance ;
ONU : Organisation des Nations-Unies ;

OP.CIT : Ci-dessus cité ou susmentionné ;
OPJ/ APJ: Officier de Police Judiciaire/ Agent de Police Judiciaire ;
PJ : Police Judiciaire ;
PN : Police Nationale ;
Supra : Voir plus haut dans le texte, indication qui renvoie le lecteur à un passage précédant du présent ouvrage ;
TGI : Tribunal de Grande Instance ;

REASPET : Réseau des Associations de Protection des Enfants au Tchad ;
UNICEF : United Nations International Children's Funds (ou Fonds des Nations Unies pour l'Enfance) ;
V. : Voir, indication qui renvoie le lecteur à une référence précise ;
VIH- SIDA : Virus de l'Immunodéficience Humaine - Syndrome Immunodéficitaire Acquis ;
WC : Water Cool (fosse septique) .

DEDICACE

Nous dédions ce modeste ouvrage à nos chers parents KEBKIBA GONWI KALI et Madame KEBKIBA née ZIDIBE MALOUMA Philomène, pour l'ensemble des sacrifices consentis en faveur de notre éducation ainsi que pour leurs soutiens multiformes durant la rédaction du présent ouvrage.

Que Dieu le Tout-Puissant les comble en retour de ses riches bénédictions.

REMERCIEMENTS

La réalisation de cet ouvrage rendu possible par la volonté de DIEU, est le fruit des efforts conjugués de plusieurs personnes à qui nous voulons ici adresser nos sincères remerciements.

Nos remerciements s'adressent tout d'abord à notre Editeur, à savoir les Editions TOUMAÏ, pour toutes les facilités qu'il a bien pu nous accorder dans le processus d'édition et de publication du présent ouvrage.

Nous adressons également nos remerciements à Monsieur Pyrrhus BANADJI BOGUEL, Commissaire à la Commission Nationale des Droits de l'Homme (CNDH), qui, malgré ses multiples occupations, a accepté de nous faire l'honneur de préfacer et d'enrichir le présent ouvrage.

Ainsi, nous adressons aussi nos sincères remerciements à toutes ces personnes-ressources assez chevronnées, pour toutes leurs contributions hautement scientifiques qui ont permis d'enrichir et d'améliorer la qualité de cet ouvrage.

Nous voulons ici nommer expressément Monsieur LOUABALBE KADJONKA, Magistrat et Expert en Droit de l'Homme, Monsieur GEN-SERBRBE SINIKI, Juriste, Ex-Directeur de la Promotion des Droits de l'Homme, au Ministère de la Justice Chargé des Droits Humains, au feu NODJINA Moïse, ex-Magistrat et ex-Président de la Chambre pour enfants au TGI de N'Djaména, et Monsieur ALGHASIM KHAMIS, Magistrat et ex-procureur de la République près le Tribunal de Grande Instance de N'Djamena.

Nous ne pourrons terminer cette page de remerciements sans adresser notre profonde gratitude à Monsieur MANGA Jean Bosco ainsi qu'à nos grands frères Doctor HINFIENE

KEBKIBA Guillaume et KEBKIBA Ferdinand, sans oublier notre ami BIANPAMBE PATALET Salomon, notre chère épouse née Adéline LEUZOUNE, et tous nos enfants, pour leurs contributions de diverses natures à la rédaction et à l'édition du présent ouvrage.

Puisse Dieu le Tout-Puissant, bénir infiniment les uns et les autres.

PREFACE

La Convention relative aux Droits de l'Enfant (CDE) adoptée par les Nations-Unies le 20 novembre 1989 affirme de manière solennelle qu'un enfant n'est pas seulement un être fragile qu'il faut protéger mais surtout une personne qui a le droit d'être éduquée, soignée, protégée, quel que soit l'endroit du monde où il se trouve. La Convention d'ajouter qu'il a le droit d'apprendre, de s'exprimer, de s'amuser, d'accéder à l'information et d'être informé sur tout ce qui concourt à son développement physique, mental, moral et spirituel.

L'ouvrage que nous avons l'honneur de préfacer essaie de lever le coin de voile sur des multiples cas de violations dont les enfants sont victimes, entre autres les cas de mutilations génitales féminines, de mariage d'enfants, de la sous-scolarisation et de la déscolarisation des filles, de trafic et de la traite d'enfants, d'enlèvement d'enfants contre rançon, de maltraitance, d'exploitation sexuelle et économique d'enfants, etc. Ces violations sont récurrentes et deviennent préoccupantes bien qu'elles soient régulièrement dénoncées par les organisations de la société civile afin que des mesures conséquentes soient prises pour les réprimer, mais elles persistent. Il participe donc, à la panoplie des recommandations formulées pour une amélioration de la situation.

Ainsi, l'auteur met l'accent sur le contexte général de la protection de l'enfant et les principaux droits et libertés fondamentales reconnus aux enfants car, les raisons pour accorder une attention particulière aux enfants sont multiples et variées, en tant que citoyens de demain.
En plus, l'auteur évoque dans l'ouvrage la spécificité et les différents cas de violations des droits de l'enfant qui sont légion au Tchad.

L'auteur aborde également dans cet ouvrage les organisations tant nationales et internationales en charge de la protection de l'enfance, les modalités de saisine des juridictions pour rendre justice ainsi que les procédures à suivre pour juger les enfants poursuivis en tant qu'auteurs ou complices présumés d'une infraction pénale.

Le Tchad, faut-il le rappeler, s'est engagé dans la voie du respect des droits de l'Homme en adhérant dès son indépendance à la Déclaration Universelle des Droits de l'Homme de 1948. Il a souscrit à plusieurs engagements internationaux, régionaux et nationaux en vue de l'instauration d'un véritable État de Droit.

Sur le plan international, il est partie à plusieurs conventions parmi lesquelles la Convention relative aux Droits de l'Enfant, la Convention contre la criminalité transnationale organisée (Protocole de Palerme), les Convention 182, 138 et suivantes de l'OIT, la Convention contre l'Esclavage, la Charte Africaine des Droits et du Bien-Etre de l'Enfant, la Charte Africaine des Droits de l'Homme et des Peuples et ses protocoles additionnels, la Convention contre la torture et autres peines ou traitements inhumains et dégradants du 18 juillet 1994, etc.

Sur le plan interne, la loi fondamentale consacre une large part aux droits de l'enfant et des sanctions sont prévues dans les dispositions de la loi N°001/PR/2017 du 8 mai 2017, portant Code pénal, la loi 12 pourtant promulgation de l'Ordonnance 006 portant lutte contre la traite des personnes en République du Tchad, etc. Bien qu'il ait une volonté manifeste de ratifier les conventions en faveur de la protection des droits des enfants et malgré l'adoption d'un plan national intégré de lutte contre les pires formes de travail, le trafic et l'exploitation des enfants, il ne se passe pas un seul jour ou les enfants font l'objet d'un trafic dont les auteurs sont connus et dénoncés. Le phénomène est d'autant plus inquiétant bien que l'environnement juridique soit favorable pour la protection de l'enfant.

Cet ouvrage est un outil pédagogique car, les informations qu'il livre doivent être considérées comme un appel, une interpellation à l'endroit de tous pour stopper le phénomène parce qu'il porte une atteinte grave à la dignité de l'enfant et partant, de l'être humain. Ne dit-on pas que tous les « êtres humains naissent libres et égaux en dignité et en droits. Ils sont doués de raison et de conscience et doivent agir les uns et envers les autres dans un esprit de fraternité », comme le dispose l'article 1er de la Déclaration Universelle des Droits de l'Homme ?

Il répond à un besoin de protection et du respect des droits de l'enfant. Il constitue aussi un outil de plaidoyer pour tous les acteurs engagés dans cette lutte, afin qu'une synergie d'actions soit instaurée pour neutraliser et mettre hors d'état de nuire toutes les velléités qui entravent le plein épanouissement des enfants.

Pyrrhus BANADJI BOGUEL
Commissaire, à la Commission Nationale des Droits de l'Homme (CNDH)

INTRODUCTION

À chaque enfant, « protection, égalité et éducation », tel est le slogan cher à l'Agence des Nations Unies pour l'Enfance (UNICEF).
Pour manifester sa volonté de protéger et promouvoir les droits de l'Enfant, le Gouvernement de la République du Tchad a dû ratifier plusieurs instruments juridiques internationaux, de protection et de promotion de ces droits. Ces instruments juridiques sont entre autres la Convention relative aux Droits de l'Enfant ratifiée le 2 octobre 1990, la Charte Africaine sur les Droits et le Bien-être de l'Enfant ratifiée le 30 mars 2000, la convention contre la torture et autres peines ou traitements inhumains et dégradants du 18 juillet 1994.

Bien que le Tchad ait ratifié tous ces textes en plus d'autres encore qui protègent les enfants et qu'il ait aussi adopté le plan national intégré de lutte contre les pires formes de travail, de trafic et d'exploitation des enfants pour la période 2012-2015, il ne se passe malheureusement pas une seule journée où les enfants ne sont l'objet de mauvais traitements ou d'abus de différentes natures. Et pourtant, tous les êtres humains ne naissent-ils pas « libres et égaux en dignité et en droits »[1] ? Tous ne sont-ils pas doués de raison et de conscience leur permettant d'« agir les uns envers les autres dans un esprit de fraternité »[2] ?

La réalité aujourd'hui est que beaucoup d'acteurs nationaux censés promouvoir et contribuer à la protection des droits de l'enfant, ont une connaissance assez limitée de ces droits ainsi que de l'ensemble des mécanismes de leur protection. En outre,

---

[1] - Cf. article 1er de la Déclaration Universelle des Droits de l'Homme (DUDH) du 10 décembre 1948 ;

[2] - Cf. article 1er de la DUDH op.cit.

beaucoup d'enfants tchadiens ne connaissent pas que la loi leur accorde des droits fondamentaux qui les protègent dans la société.

Ainsi, sans prétendre être un ouvrage qui traite de façon assez complète la question des droits de l'enfant, cet ouvrage se veut en quelque sorte un outil pédagogique d'éducation civique et de promotion des droits de l'enfant au Tchad.

À ce titre, il vise à faire comprendre aux différents acteurs impliqués dans la protection des enfants, les droits fondamentaux et les devoirs de l'enfant, ainsi que les mécanismes de protection de ces droits. Cet ouvrage s'adresse également aux enfants eux-mêmes car, c'est lorsqu'ils connaissent bien leurs droits que les enfants peuvent mieux les défendre ou les protéger, au cas où ces droits venaient à être violés par les autres. De même, les enfants qui connaissent bien leurs devoirs peuvent mieux les accomplir vis-à-vis des autres.

Cet ouvrage répond surtout à cette noble préoccupation relative à la nécessité d'une protection efficace et du respect effectif des droits de l'enfant au Tchad. Les informations qu'il livre doivent être considérées comme un appel, une interpellation à l'endroit de tous les acteurs engagés dans cette lutte pour la protection des enfants, en vue de l'instauration d'une synergie d'actions et d'une prise de conscience collective en faveur de la nécessité d'une promotion et d'une protection efficaces des droits de l'Enfant au Tchad.

Les droits et les devoirs de l'enfant dont il s'agit ici concernent tous les enfants sans distinction.

Dans le cadre du présent ouvrage, nous nous proposons d'aborder successivement les points suivants : **i)** les généralités sur les droits de l'enfant **(chapitre I)** ; ii) les principaux droits fondamentaux ainsi que les devoirs de l'enfant **(chapitre II)** ; **iii)** quelques cas les plus fréquents de violation des droits de l'enfant au Tchad **(chapitre III) ; iv)** les différentes institutions chargées de la protection de l'enfant ou des droits de l'enfant au Tchad **(chapitre IV) ; v)** la procédure judiciaire à suivre pour rendre justice aux enfants victimes de la violation de leurs droits **(chapitre V)** ; et enfin, **vi)** la procédure de jugement des enfants poursuivis en qualité d'auteurs ou de complices présumés d'une infraction pénale **(chapitre VI).**

CHAPITRE I : Les généralités sur les droits de l'enfant

Ce chapitre préliminaire vise à faire un aperçu, respectivement sur la notion de l'enfant et des droits de l'enfant, sur l'historique, la finalité et le bien-fondé des droits de l'enfant.

1.1 Qu'est-ce qu'un enfant ?

Étymologiquement, le terme « enfant » vient du latin ***« infans »*** qui signifie ***« celui qui ne parle pas »***, en parlant de bébé.

Selon le « lexique des termes juridiques », l'enfant est le « fils descendant direct d'une personne ».

Aussi, l'enfant désigne toute personne qui est très jeune selon son âge, qu'il s'agisse d'une fille ou d'un arçon.

Au Tchad, la loi définit l'enfant comme étant toute personne qui n'a pas encore atteint l'âge de dix-huit (18) ans, c'est-à-dire que l'enfant est toute personne qui est âgée entre zéro à moins de 18 ans[3]. Les enfants sont appelés aussi « les mineurs ». Ce statut de mineur[4] a pour conséquence l'interdiction pour l'enfant mineur d'exercer (directement ou en personne) les actes de la vie civile, et cela jusqu'à ce qu'il devienne majeur.

Ainsi, quand une fille ou un garçon atteint l'âge de dix-huit (18) ans ou plus, cette fille ou ce garçon n'est plus un enfant, mais déjà **« un adulte »**, car l'enfant doit avoir moins de 18 ans.

---

[3] - Cf. article 1er de la Convention sur des Droits de l'Enfants (CDE).

[4] - Sur la définition de mineur et de majeur et sur l'émancipation des mineurs, voir respectivement les articles 388 et 488 et les 476 et suivants du C, Civ.

Exemples

- Un bébé ou un nouveau-né est un enfant ;
- **THYMEO** âgé de neuf (09) ans est un enfant ;
- **LEOPOLDINE et ZITA,** toutes deux âgées de dix-huit ans, ne sont plus des enfants ;

Concernant les différentes étapes de croissance des enfants, on distingue en fonction de leur âge, respectivement les nourrissons (0 à 17 mois), la petite enfance (18 mois à 5 ans), l'enfance (6 à 11 ans) et l'adolescence (12 à – 18 ans).

1.2 Qu'est-ce qui fait la différence entre un enfant et un adulte ?

Quand on regarde un enfant, il est différent d'un adulte. Il y a plusieurs choses qui permettent de différencier ou de distinguer un enfant d'un adulte.

Par exemple :

- Un enfant est une personne très jeune selon son âge parce qu'il a moins de 18 ans alors qu'un adulte est toujours âgé de dix-huit (18) ans et plus. Comme il est très jeune, l'enfant n'a pas beaucoup de force physique comme un adulte et il est très fragile devant les maladies ou autres souffrances ;
- Un enfant est une personne qui est encore en train de grandir pour devenir plus tard un adulte. C'est pourquoi, il ne connaît pas beaucoup de choses comme un adulte et il veut toujours découvrir ou apprendre à connaître des choses dans tout ce qu'il fait, comme à travers les jeux ou autres ;
- Un enfant, jusqu'à un certain âge, ne fait pas la différence entre ce qui est bien de ce qui est mauvais. C'est pourquoi, il peut arriver souvent que les enfants commettent des bêtises sans le vouloir ou sans le savoir. Et à cause de leur

naïveté, les enfants peuvent être facilement manipulés ou induits en erreur ;

- Un enfant fait toujours confiance à ses parents et à tous ceux qui sont plus grands que lui parce qu'il les considère comme des modèles à imiter. C'est pourquoi, l'enfant veut souvent imiter les personnes qui sont plus grandes que lui, en essayant de se comporter comme eux, ou en essayant de faire exactement ce qu'ils font. Par exemple, un enfant qui voit ses parents fumer peut se mettre également à fumer, par simple imitation ;
- Un enfant oublie plus vite et pardonne plus facilement, par rapport à un adulte, le tort qu'on lui a causé ;
- Un enfant est donc un adulte de demain parce que tous ceux qui sont aujourd'hui grands, étaient d'abord nés enfants avant de grandir pour devenir plus tard des adultes.

1.3 Qu'appelle-t-on droits de l'enfant ?

Dans la société, tous les hommes et les femmes ont des droits qu'on appelle ***« droits de l'homme »***.

En effet, les droits de l'homme, selon le lexique des termes juridiques, sont l'ensemble des valeurs et avantages que la loi reconnaît à toutes les personnes sans distinction, dès la naissance, pour les protéger dans la société[5]. Il s'agit des droits inhérents à la nature humaine, donc antérieurs et supérieurs à l'État et que celui-ci doit respecter (non seulement dans l'ordre des buts, mais aussi dans l'ordre des moyens). Parmi les droits de l'Homme, il y a des droits spécifiques à l'enfant.

Les droits de l'enfant quant à eux, désignent l'ensemble des valeurs ou avantages que la loi reconnaît de façon spécifique aux enfants pour leur garantir une meilleure condition de vie et

---

[5] - Exemples des droits de l'homme : droit à la vie, droit à l'égalité, liberté d'expression et d'opinions, droit à un environnement sain, etc.

les protéger dans la société contre toute forme de négligence ou de mauvais traitements[6].

Comme les enfants sont différents des adultes, les droits de l'enfant sont l'ensemble des droits de l'homme qui protègent spécifiquement les enfants en tant que personnes vulnérables ou êtres humains très faibles, très fragiles qui doivent vivre, grandir et se développer pour devenir plus tard des adultes. Il s'agit des droits adaptés aux enfants considérés comme des « petits adultes d'aujourd'hui » ou des « adultes de demain ».

Les droits de l'enfant sont reconnus par la loi à tous les enfants sans distinction et tout le monde, y compris l'État, doit les protéger, les respecter et les faire respecter.

1.4 Pourquoi faut-il des droits spécifiques pour les enfants ?

La période de l'enfance est une période durant laquelle l'être humain est en pleine croissance physique et mentale. Durant cette période de la vie, l'être humain se trouve plus vulnérable, en ce sens qu'il se trouve souvent confronté à de nombreuses difficultés de la vie quotidienne, alors qu'il n'est pas encore en capacité de se défendre efficacement tout seul.

Et la réalité aujourd'hui est que des millions d'enfants souffrent à travers le monde de la faim, de la pauvreté des parents, de la malnutrition, d'un accès inégal à l'éducation, des mariages précoces ou forcés, de toute sorte d'exploitation notamment l'exploitation économique, sexuelle ou autres. Les enfants souffrent également des conflits armés, de la négligence, de la maladie ou d'un accès très limité aux soins de santé, et autres.

Ainsi, l'existence des droits spécifiques aux enfants se justifie surtout par la nécessité de garantir à ces derniers une meilleure

---

6 - Sur la définition du droit de l'enfant, voir www.humanium.org/fr/convention

protection, eu égard à leur vulnérabilité accrue durant leur existence quotidienne.

En d'autres termes, c'est parce que les enfants sont des êtres humains ayant un statut particulier qu'ils ont besoin d'une protection et d'une assistance assez particulières, à travers des droits également assez particuliers que sont les droits de l'enfant.

Car, les « droits de l'homme » en général, c'est-à-dire l'ensemble des droits qui sont reconnus par la loi à tous les êtres humains sans aucune distinction dès la naissance et que l'État a l'obligation de protéger, ne suffisent pas pour protéger les enfants de façon efficace.

Ainsi donc, c'est pour garantir une protection spéciale aux personnes de moins de dix-huit (18) ans que la communauté internationale a finalement eu à adopter plusieurs instruments juridiques internationaux consacrant l'existence d'un statut juridique particulier et des droits spécifiques aux enfants.

1.5 Depuis quand a-t-on commencé à parler des droits de l'enfant ?

Les droits de l'enfant n'ont pas été adoptés en un seul jour. L'idée de protéger les enfants est née de façon progressive à travers le monde[7].

Quand les dirigeants, à tous les niveaux, des différents pays ont vu et entendu que des millions d'enfants meurent et souffrent chaque jour dans le monde, surtout en période des guerres, en période des grandes famines où il n'y a pas de nourriture, en période d'inondations où l'eau envahit les villes et villages, ou autres, ils ont décidé de mettre en place un dispositif global pour

[7] - Sur l'histoire du droit de l'enfant, voir www.humanium.org/fr/convention;

protéger tous les enfants sans distinction contre les catastrophes tant naturelles que du fait de l'homme.

Et c'est après des nombreuses années de réflexion et de discussion que la communauté internationale est arrivée à adopter de nombreux instruments juridiques et créer des nombreuses institutions tant au niveau international, régional qu'au niveau de chacun des États, pour mieux protéger les enfants.

Parmi les textes internationaux consacrés aux droits de l'enfant, il y a principalement *« la Convention relative aux Droits de l'Enfant »*[8], en abrégé « CDE », adoptée le 29 mai 1989 par les États membres de l'Organisation des Nations Unies (ONU) et ses trois (03) protocoles facultatifs[9]. Il y a également *« la Charte Africaine des Droits et du Bien-Être de l'Enfant »*, en abrégé « CADBE »[10], adoptée le 11 juillet 1990, un instrument juridique pionnier régissant les droits de l'enfant au niveau régional africain.

Aujourd'hui, il y a plusieurs lois qui existent au niveau du Tchad, de l'Afrique et dans le Monde qui reconnaissent à tous les enfants les mêmes droits et les mêmes devoirs. Il existe aussi bien au Tchad, en Afrique que dans le monde, plusieurs institutions ou organisations qui s'occupent de la protection de l'enfant ou des droits fondamentaux de l'enfant.

---

[8] - La CDE est le premier texte international juridiquement contraignant de protection des droits de l'enfant.

[9] - Il s'agit respectivement du : 1) Protocole facultatif sur l'implication d'enfants dans les conflits armés (OP- AC) ; 2) Protocole facultatif sur la vente d'enfants, la prostitution d'enfants et la pornographie impliquant des enfants, du 03 mai 2002 ; et 3) Protocole facultatif établissant une procédure de présentation de communication, du 19 décembre 2011 ; Ce dernier Protocole qui prévoit les possibilités pour les enfants de soumettre des plaintes individuelles au Comité des droits de l'enfant des Nations Unies, n'a pas encore été ratifié par le Tchad.

[10] - La CDE et la CADBE ont été ratifiées par le Tchad respectivement le 02 octobre 1990 et le 04 avril 2000.

CHAPITRE II : Quels sont les principaux droits fondamentaux et les devoirs de l'enfant ?

Dans ce chapitre, nous nous intéresserons surtout aux principaux droits fondamentaux et aux devoirs de l'enfant.

2.1 Quels sont les droits fondamentaux de l'enfant ?

Les droits fondamentaux reconnus aux enfants sont nombreux. Nous nous proposons de les regrouper en trois (03) grandes catégories suivantes : les droits relatifs à la vie et à la survie de l'enfant (i), les droits relatifs au développement de l'enfant (ii) et enfin, les droits relatifs à la protection de l'enfant (iii) :

2.1.1 Les droits relatifs à la vie et à la survie de l'enfant

Cette catégorie des droits fondamentaux de l'enfant regroupe essentiellement des droits qui garantissent à l'enfant la vie et contribue à lui assurer la survie. Il s'agit des droits ci-après :

2.1.1.1 Le droit de l'enfant à la vie [11]

Les enfants ont le droit de vivre tout comme les adultes. Le droit à la vie est un droit reconnu à tout être humain[12], qu'il soit petit ou grand. La personne humaine ou la vie d'un être humain étant sacrée et inviolable[13], nul ne peut y porter une atteinte ou une dégradation, sous n'importe quelle forme qu'elle soit.
C'est pourquoi, il est strictement interdit par la loi de tuer ou de supprimer la vie de tout être humain, y compris les enfants.

À ce titre, la loi interdit également *l'avortement,* c'est-à-dire le fait de mettre fin de façon volontaire à une grossesse en cours d'évolution, en tuant le fœtus ou l'enfant qui est encore dans le

---

[11] - Cf. articles 6, alinéa 1er de la CDE et article 5, alinéa 1er de la CADBE ;
[12] - Cf. article 17, alinéa 2 de la Constitution tchadienne de 1996 et de celle de 2018 révisée en 2020 ;
[13] - Cf. article 17, alinéa 1er de la Constitution tchadienne de 1996 et de celle de 2018 révisée en 2020 ;

sein de sa mère, car la vie commence dès les premiers jours de la grossesse c'est-à-dire dès la conception de l'enfant dans les seins de sa mère.

Et de manière générale, toute personne qui tue un enfant doit être jugée et condamnée par les juridictions compétentes, de la même manière que celui qui supprime la vie à un adulte.

Pour leur garantir le droit à la vie, aux enfants leur droit à la vie, la législation tchadienne antérieure à l'abolition de la peine de mort[14] interdisait toute condamnation à mort[15] des enfants, quel que soit le degré de gravité de l'infraction en cause.

2.1.1.2 Le droit à la prise en compte de l'intérêt supérieur de l'enfant [16]

Aux termes de l'article 3 de la CDE, il est reconnu à chaque enfant le droit à la prise en compte de son intérêt supérieur, dans toutes les décisions qui le concernent ou qui concernent sa vie.
En effet, le principe de l'intérêt supérieur de l'enfant s'attache à cette nécessité de protection des enfants et signifie que toute décision concernant un enfant doit être prise en tenant compte prioritairement et exclusivement de l'intérêt supérieur de celui-ci.

Ce principe a pour objectif de promouvoir et de garantir le bien-être tant immédiat que futur de tous les enfants, à travers toutes

---

[14] - Le Tchad a abrogé la peine de mort dans son nouveau Code Pénal promulgué le 08 mai 2017, sauf pour les infractions liées au terrorisme régies par la loi N°034/PR/2015 du 5 août 2015 portant répression des actes de terrorisme. Et c'est à travers une nouvelle loi N°003/PR/2020 du 20 mai 2020, portant répression des actes de terrorisme, que notre pays le Tchad a totalement aboli la peine de mort (voir articles 4 et 5 de ladite loi).

[15] - Cf. article 6 de la CDE et article 30, al.2 de la loi N°007/PR/99 du 06 avril 1999, portant procédure de poursuite et de jugement des infractions commises par les mineurs de treize (13) à moins de dix-huit (-18) ans ;

[16] - Cf. Article 3 de la CDE et article 4 de la CADBE.

les décisions ainsi que tous les actes les concernant ou concernant leur vie.

Qu'il s'agisse des décisions prises par des institutions publiques ou privées, celles des autorités administratives ou des organes législatifs, des tribunaux, des parents ou autres personnes responsables de l'enfant (tuteurs ou administrateurs des biens), une priorité absolue doit être accordée à l'intérêt supérieur de chaque enfant.

Ces décisions peuvent concerner par exemple l'éducation, la garde, le développement, la santé de l'enfant ou autres aspects de sa vie.

Ainsi, lorsque par exemple les parents d'un enfant sont décédés en laissant des biens, ces biens doivent être gérés dans l'intérêt exclusif de l'enfant orphelin par son tuteur ou par l'administrateur[17] des biens en question.

De même, lorsqu'un enfant doit être puni pour avoir commis une faute ou une infraction quelconque, il doit être obligatoirement traité comme un enfant, avec plus de faveur, en considération de son jeune âge et de son état de personne faible ou fragile.

En brève, toutes les décisions concernant l'enfant doivent donc privilégier avant tout ses intérêts propres.

Il appartient donc aux parents, à la communauté et à l'État de prendre toutes les dispositions pratiques nécessaires en vue de

---

[17] - Ce tuteur ou administrateur des biens est désigné par le conseil de famille et nommé ensuite par un acte de tutelle de la juridiction compétente (juge de tutelle du tribunal de grande instance) ; et aux termes de l'article 450 c. civ (applicable au Tchad), les tuteurs des mineurs ont l'obligation de prendre soin de la personne de ceux-ci, d'administrer leurs biens, et de les représenter dans tous les actes de la vie civile.

prévenir et de lutter efficacement contre les divers maux[18] dont sont souvent victimes les enfants et qui peuvent nuire à leur bien-être, dans nos sociétés.

2.1.1.3 Le droit à la santé [19]

Tout enfant a le droit de vivre en bonne santé et surtout d'avoir accès aux services médicaux et de santé appropriés, en cas de maladie.
L'État doit mettre en place des services de santé de qualité, y compris les services de vaccination, pour que les enfants ne meurent pas mais qu'ils vivent et grandissent en bonne santé, dans un environnement propre. Les parents ou les personnes responsables des enfants doivent tout faire pour que chacun de leurs enfants soit bien nourri, bien vacciné, qu'il vive en bonne santé et soit bien soigné à chaque fois qu'il tombe malade.

C'est pour cela qu'au Tchad par exemple, il existe des hôpitaux spécialisés comme celui de la mère et de l'enfant, à N'Djamena ou autres services sanitaires spécialisés pour les enfants, des campagnes et des programmes de vaccination obligatoire des enfants, etc.

Par ailleurs, il convient de préciser que le droit à la santé tout comme le droit à la vie, qu'il s'agisse des enfants ou des adultes, est un droit central qui conditionne dans une certaine mesure la jouissance des autres droits, car ce sont les individus en vie et en bonne santé qui peuvent jouir au mieux de l'ensemble des autres droits.

---

[18] - Ces maux sont entre autres la maltraitance, la discrimination, la négligence, la violence, l'exploitation, etc.

[19] - Cf. article 24, alinéa 1er de la CDE et article 14 de la CADBE.

2.1.1.4 Le droit à l'identité[20]

Le droit de l'enfant à l'identité désigne son droit dès la naissance d'avoir un nom, un prénom et une nationalité qui permettent d'identifier chaque enfant et de le distinguer des autres dans la société.
En effet, le nom est défini par le lexique des termes comme étant un vocable qui sert à désigner une personne.

Le nom est composé du nom patronymique ou nom de famille et d'un prénom.

Le nom patronymique est un élément du nom qui est attribué en raison de la filiation aux membres d'une même famille. En d'autres termes, c'est l'appellation donnée à chaque individu à sa naissance ou l'appellation d'état civil attribuée aux membres d'une même famille.

Quant au prénom, il désigne un nom particulier qui, associé au nom de famille, permet d'identifier chaque personne au sein de sa famille.

Le nom et le prénom sont généralement donnés à l'enfant par ses parents dès la naissance[21]. Le nom qui porte atteinte à l'honneur de l'enfant peut être changé à la demande des parents ou de l'enfant concerné, à sa majorité.

En ce qui concerne la nationalité tchadienne, chaque enfant ne peut avoir la nationalité tchadienne que s'il remplit avant tout, les conditions fixées par le « Code de la nationalité

---

[20] -Voir Articles 7 et 8 de la CDE et article 6 de la CADBE :

[21] - Sur les critères d'attribution du nom, voir article 311- 21 C. Civ.

tchadienne »[22]. Ce Code constitue une loi qui réglemente les conditions d'attribution et de retrait de la nationalité tchadienne.

Pour bénéficier du droit à l'identité, les parents doivent au préalable avoir déclaré la naissance de chacun de leurs enfants dans les trente (30) jours suivant la naissance[23], à l'état civil, c'est-à-dire au service de l'État qui enregistre les naissances d'enfants et délivre les actes de naissance[24].

La déclaration des naissances est gratuite et obligatoire au Tchad[25]. Elle permet à l'enfant d'avoir droit à un nom et d'être reconnu par l'État. Un enfant non déclaré ou non enregistré à l'état civil « risque de se voir refuser le droit à une identité officielle, à un nom et à une nationalité ».

Cette identité de l'enfant doit être reconnue et respectée par tous[26]. Et l'État a l'obligation de respecter et de protéger le droit de l'enfant à la préservation son identité.

2.1.2 Les droits relatifs au développement de l'enfant

Il s'agit des droits fondamentaux ci-après qui contribuent à garantir le bien-être et le développement de la personne de l'enfant :

2.1.2.1 Le droit de l'enfant au développement physique, mental, spirituel et social[27]

L'enfant a droit au développement de sa personne, c'est-à-dire le droit de grandir normalement. L'État et toutes les personnes

---

[22] - Sur les différents modes d'attribution et d'acquisition de la nationalité tchadienne, voir les articles 9 à 25 Ord. N°33/PG.-INT du 14 août 1962, portant Code de nationalité tchadienne.

[23] - Sur les modalités de déclaration et d'enregistrement des naissances, Voir les articles 25 à 27 de la loi N°008/PR/2013 du 10 mai 2013, portant organisation de l'Etat civil au Tchad ;

[24] - Voir article 7, al 1er de la CDE ;

[25] - Cf. article 12 de la loi n°008/PR/2013 du 13 mai op.cit. ;

[26] - Sur l'obligation de respecter le droit de l'enfant à la préservation de son identité, Voir article 8 de la CDE ;

[27] - Voir articles 6, alinéa 2, 18, alinéa 2 et 27 de la CDE :

responsables des enfants doivent, chacun en ce qui le concerne, mettre à la disposition des enfants tout ce qu'il faut pour les préserver d'une mort précoce et surtout leur permettre de bien grandir, de développer leur intelligence, leurs connaissances, afin de devenir plus tard des adultes responsables.

Ce droit implique l'obligation pour l'État, pour toutes les institutions nationales et internationales de protection de l'enfant, pour les parents et autres personnes responsables des enfants, chacun en ce qui le concerne, de garantir à tout enfant une bonne protection, une bonne alimentation, un bon logement, un bon habillement, ainsi que toutes autres conditions indispensables pour assurer de façon harmonieuse son développement physique, mental, spirituel, social...

2.1.2.2 Le droit à l'égalité ou à la non-discrimination à l'égard de l'enfant[28]

Le droit de l'enfant à l'égalité ou à la non-discrimination signifie que tous les enfants ont les mêmes droits et devoirs, qu'ils soient filles ou garçons, enfants des parents pauvres ou des parents riches, enfants blancs ou noirs, chrétiens ou musulmans, enfants tchadiens ou étrangers, enfants handicapés ou valides, enfants réfugiés ou non, etc.

En d'autres termes, il est interdit à toute personne de faire la différence entre les enfants qui doivent tous être traités sur un pied d'égalité.

Et parce que tous les enfants naissent « libres et égaux en droits et en dignité », les parents ou autres personnes responsables des enfants ainsi que l'État doivent leur garantir les mêmes droits, les mêmes chances et les mêmes traitements, que ce soit à

[28] - Voir article 2 de la CDE, article 3 de la CADBE, articles 38 à 40 de la Constitution tchadienne du 04 mai 2018 révisée le 14 décembre 2020 et article 26 de la DUDH de 1948 ;

l'école, dans la famille, à l'hôpital, à la justice, en prison, sur les terrains des jeux ou partout ailleurs[29].

2.1.2.3 Le droit de l'enfant à l'éducation[30]

Le droit de l'enfant à l'éducation signifie que tous les enfants ont le droit d'être bien éduqués, car ce droit est reconnu à tous les citoyens tchadiens[31] par la Constitution. Il s'agit à la fois de l'éducation scolaire c'est-à-dire l'éducation à l'école, et de l'éducation au niveau de la famille ou de la communauté, de la part des parents ou de ladite communauté.

Le droit à l'éducation implique l'intervention d'au moins trois (03) acteurs ou protagonistes clés, à savoir l'État, les parents de l'enfant et l'enfant lui-même.

Ainsi, aux termes de l'article 4 de la loi N° 016 du 13 mars 2006, portant orientation du système éducatif tchadien, l'État doit garantir le financement de l'enseignement public, créer suffisamment des écoles et rendre l'enseignement public gratuit et l'enseignement fondamental ou primaire obligatoire pour tous les enfants en âge scolarisable, sans distinction[32]. L'État doit également mettre en place des programmes de formation conformes à l'intérêt et à la dignité des enfants[33].

L'État doit par ailleurs prendre des mesures spéciales pour encourager la scolarisation des jeunes filles.

---

[29] - Sur le droit à l'égalité des citoyens, voir articles 13 et 14 de la Constitution tchadienne de 1996 et celle de 2020, article 2 de la CDE et article 3 de la CADBE ;

[30] -Voir articles 2, 13,14 et 28 de la CDE et article 11 de la CADBE :

[31] - Voir article 35 de la Constitution tchadienne de 1996 et article 38, alinéa 1er de la constitution tchadienne du 04 mai 2018 révisée le 14 décembre 2020 ;

[32] - Voir également article 36 de la Constitution tchadienne de 1996, articles 39 et 40 de la Constitution tchadienne de 2018 ;

[33] - Cf. articles 35 et 36 de la Constitution ;

Quant aux parents[34] ou autres personnes responsables des enfants, ils doivent, en tant que premiers éducateurs, inscrire leurs enfants à l'école et les aider à étudier normalement, sans faire la différence par exemple entre filles et garçons, entre enfants orphelins et non orphelins, enfants handicapés et non handicapés, etc.

Il convient de préciser que la bonne éducation doit préparer l'enfant « à assumer les responsabilités de la vie »[35], à devenir un bon citoyen pour son pays, un bon père ou une bonne mère de famille, un bon adulte responsable dans son travail et dans sa vie de tous les jours.

Les valeurs à transmettre à l'enfant à travers l'éducation sont par exemple : la culture de la paix, de la non-violence, de la tolérance, le respect des parents, de l'environnement, de l'égalité entre l'homme et la femme, le respect de son identité, de ses valeurs culturelles, le respect des valeurs nationales de son pays, des civilisations et cultures des autres, etc.

Enfin, en ce qui concerne les enfants en tant que bénéficiaires de l'éducation, ils doivent à leur tour accepter et appliquer les instructions reçues dans le cadre de leur éducation. Il est une évidence que les enfants qui sont bien éduqués ont généralement plus de chance de mieux réussir dans leur vie et de mieux contribuer au développement socio-économique et culturel de leur communauté ou de leur pays.

---

[34] - Aux termes de l'article 38 de la Constitution tchadienne de 1996 et de l'article 42, alinéa 2 de la Constitution tchadienne de 2018, les parents ont le droit naturel et le devoir d'élever et d'éduquer leurs enfants ;

[35] - Cf. Article 29. 1d. de la CDE ;

2.1.2.4 Le droit à la liberté d'expression et au respect de l'opinion de l'enfant [36]

Dans beaucoup de coutumes en Afrique et même au Tchad, les parents ou tuteurs prennent directement des décisions à la place de leurs enfants, sans demander l'avis de ces derniers. Et dans certaines coutumes, les enfants ne peuvent en aucun cas prendre la parole devant les adultes.

Mais la liberté d'expression de l'enfant signifie plutôt que chaque enfant, à un certain âge, a le droit de donner son point de vue (ou son avis) sur toute décision concernant sa vie, ses intérêts et son avenir, aussi bien au niveau de la famille que devant les instances judiciaires ou partout ailleurs.

L'enfant a également le droit au respect de son opinion, c'est-à-dire le droit de voir son point de vue être pris en compte. Ainsi, les parents ou autres personnes responsables des enfants doivent respecter ou prendre en compte les points de vue exprimés par leurs enfants sur les questions qui les concernent.

Cette liberté d'expression et d'opinion concerne beaucoup plus les enfants qui sont capables de discernement, c'est-à-dire ceux qui, à un certain âge, comprennent déjà un peu bien les choses.

C'est pour contribuer au respect de cette liberté que le Gouvernement de la République du Tchad a créé le Parlement des enfants par Décret N° 634/PR/MASF/2000 du 30 décembre 2000. Ce Parlement est une instance où siègent des enfants au nombre des députés de l'Assemblée Nationale et qui représentent tous les enfants du Tchad. Le Parlement des enfants est une institution nationale de plaidoyer et d'expression des enfants. Il a pour mission principale de se prononcer sur des questions d'intérêt national concernant les enfants.

---

[36] -Cf. Articles 12 et 13 de la CDE, article 7 de la CADBE et article 27 de la Constitution tchadienne.

2.1.2.5 Le Droit à la liberté d'association et de réunion pacifique[37]

Les enfants ont le droit de se regrouper en association ou de créer librement des organisations associatives. Il peut s'agir par exemple des organisations sportives et culturelles telles que les clubs de théâtre, de football ou autres.
Les enfants ont également le droit d'adhérer librement, chacun en ce qui le concerne, à ce type d'organisation.

Dans tous les cas, ils ont le droit de se réunir librement (même en dehors du cadre associatif) pour discuter des sujets ou des questions qui les concernent.

2.1.2.6 Le Droit à la liberté de religion [38]

Chaque enfant a le droit de choisir librement sa religion. Les parents ne peuvent pas imposer à leurs enfants une religion quelconque, mais peuvent simplement les guider, en leur laissant la liberté de choisir chacun sa religion.

2.1.2.7 Le Droit au repos, aux loisirs et aux activités culturelles[39]

L'enfant a droit au repos parce que le repos est indispensable pour sa croissance et sa santé. Les personnes responsables des enfants doivent faire en sorte que leurs enfants puissent avoir des moments de repos, quelles que soient leurs activités de tous les jours.
L'enfant a également le droit de se livrer à des jeux et aux activités de loisirs qui peuvent lui permettre de se distraire ou de se détendre. Car, le jeu permet à l'enfant d'apprendre lui-même beaucoup de choses, de développer son intelligence et de tisser des relations d'amitié avec d'autres enfants.

---

[37] - Cf. article 15 de la CDE et article 8 de la CADBE ;
[38] - Cf. article 14 de la CDE et article 9 de la CADBE ;
[39] - Cf. article 31 de la CDE et article 12 de la CADBE.

Les jeux et activités culturelles auxquels peuvent se livrer les enfants doivent être ceux qui peuvent contribuer à leur développement (ou leur épanouissement) et à leur éducation. Il peut s'agir des activités culturelles telles que le théâtre, la lecture, le cinéma ou autres, auxquelles les enfants peuvent librement prendre part, selon leur préférence.

L'État, les parents et les différentes communautés doivent créer des conditions permettant aux enfants de mener librement des activités de loisirs, des activités culturelles et récréatives de leur choix.

2.1.3 Les droits relatifs à la protection de l'enfant

Tous les droits reconnus aux enfants, faut-il le rappeler, ont pour objectif de leur garantir une bonne protection dans la société. Mais il existe des droits spécifiques qui consacrent expressément une protection spéciale aux enfants par rapport à des circonstances précises. Il s'agit principalement des droits suivants :

2.1.3.1 Le droit de l'enfant à la protection de sa famille[40] et la responsabilité des parents

Tout enfant a le droit d'appartenir à une famille, de vivre dans sa famille et de bénéficier de la protection de sa famille.

La famille au sens nucléaire du terme, est constituée généralement du père, de la mère et d'un seul ou de plusieurs enfants. Elle peut parfois être élargie aux grands-parents (grands-pères et grands-mères), aux oncles et tantes, aux neveux et nièces ainsi qu'aux cousins et cousines, ou autres.

La famille est la base naturelle et morale de la société[41]. Elle est très importante pour l'enfant parce que c'est dans sa famille que

---

[40] - Voir Articles 9, 18, 20 de la CDE et article 18 de la CADBE ;

l'enfant va bénéficier d'une bonne éducation, d'un bon encadrement, d'une bonne protection, de l'amour et de l'attention qu'il mérite.

Au cas où les parents d'un enfant ne vivent plus ensemble ou sont décédés, ou ne peuvent pas s'occuper de lui pour diverses raisons, le juge chargé des enfants doit confier cet enfant à un parent ou à une autre personne ou à une autre famille qui pourra mieux s'occuper de lui[42]. Il en est de même des enfants abandonnés par leurs parents, qui peuvent être placés dans les centres socio-éducatifs tels que SOS VILLAGE D'ENFANTS TCHAD ou dans les orphelinats.

Lorsque l'enfant est confié à personnes autres que ses propres parents, ou lorsqu'il doit vivre désormais avec ces personnes, on parle dans ce cas de l'adoption[43], et ces dernières personnes sont pour lui des parents adoptifs.

Les parents ou autres personnes en charge de l'enfant sont « responsables au premier chef de son éducation et de son épanouissement »[44]. Ainsi, ils doivent veiller à ne pas perdre de vue l'intérêt supérieur de l'enfant et à assurer à l'enfant les conditions de vie indispensables à son épanouissement et dans le respect dû à la dignité humaine.

L'État a aussi l'obligation d'assister en principe les parents à s'acquitter de leurs responsabilités vis-à-vis de leurs enfants.

---

[41] - Voir article 37 de la CDE, article 96 de la constitution tchadienne de 1996 et article 41 de la Constitution tchadienne du 04 mai 2018 révisée le 14 décembre 2020 ;

[42] - Voir article 9, al 1er de la CDE ;

[43] - Voir article 21 de la CDE,

[44] Sur la responsabilité des parents et de l'Etat, voir article 20 de la CADBE ;

2.1.3.2 Le droit à une protection contre les pratiques coutumières et culturelles négatives [45]

L'enfant a le droit d'être protégé par l'État contre les coutumes et pratiques culturelles qui portent atteinte à sa vie, à sa santé, à sa dignité ou à son développement.

Au Tchad, il existe plusieurs pratiques coutumières et culturelles néfastes à l'enfant et qui sont interdites par la loi. Il s'agit par exemple du mariage d'enfant, c'est-à-dire le mariage avant l'âge de dix-huit (18) ans[46], de l'excision des filles, des considérations coutumières tendant à légitimer en milieu familial les châtiments corporels des enfants considérés comme des mesures disciplinaires, ainsi que de celles qui consacrent la supériorité des garçons par rapport aux filles dans toutes les affaires familiales, et autres pratiques similaires.

L'État a l'obligation d'abolir ou de lutter contre toutes ces pratiques jugées négatives ou illégales parce qu'elles affectent le bien-être et la dignité de l'enfant.

2.1.3.3 Le droit à une protection contre la torture et les mauvais traitements[47]

C'est le droit pour tout enfant de ne pas être maltraité ou de ne pas subir des actes de violence[48]. L'enfant, en tant qu'un être faible et fragile, a droit à la protection de son intégrité physique et morale.

---

[45] - Cf. article 21 de la CADBE

[46] - Sur les sanctions pénales du mariage des enfants, voir article 368 du NCPT ;

[47] - Cf. articles 19, al 1er, 37, a. de la CDE, article 16 de la CADBE et article 19 de la Constitution tchadienne du 04 mai 2018 révisée le 14 décembre 2020 ;

[48] - Aux termes de l'article 5 de la Déclaration Universelle des Droits de l'Homme, « nul ne sera soumis à la torture, ni à des peines ou traitements cruels, inhumains ou dégradants ».

Les actes de torture ou de mauvais traitements à l'égard des enfants interdits par la loi sont par exemple le fait de frapper exagérément un enfant jusqu'aux blessures, de refuser à manger à un enfant, de l'insulter régulièrement sans raison, de refuser de le soigner lorsqu'il est malade, ou le fait de lui demander de faire des travaux plus difficiles qui dépassent sa force, etc.

Même le fait de négliger un enfant, de ne pas l'aimer suffisamment ou de ne pas lui apporter toute l'attention qu'il mérite constitue une forme de mauvais traitements interdits par la loi.

Et il est une réalité que les enfants qui sont aujourd'hui victimes des violences, peuvent devenir à leur tour, violents vis-à-vis des autres.

Ainsi, la loi interdit donc à toute personne, y compris les parents ou tuteurs, les instituteurs, les agents de force de l'ordre ou toutes les autorités représentant de l'État, de torturer les enfants, sous quelle forme que ce soit.

Tout enfant qui subit une torture ou des mauvais traitements, peut se rapprocher d'une association de défense des droits de l'homme ou d'un centre social, du commissariat de police ou de la brigade de gendarmerie la plus proche, du procureur de la République, du juge de paix ou du juge des enfants, afin de bénéficier d'une assistance ou d'une aide.

2.1.3.4 Le droit de l'enfant à une protection contre le viol et toute forme d'exploitation sexuelle[49]

Tout enfant a le droit d'être protégé contre le viol et toutes formes d'exploitation sexuelle.

---

[49] -Cf. article 34, c. de la CDE et article 27 de la CADBE ;

Le viol d'un enfant désigne tout acte de pénétration sexuelle commis sur la personne d'un enfant par « violence, contrainte ou surprise »[50].

Quant à l'exploitation sexuelle d'enfants, elle englobe la prostitution et la pornographie infantile.

On entend par «prostitution des enfants», « le fait d'utiliser un enfant aux fins d'activités sexuelles contre rémunération ou toute autre forme d'avantage »[51].

Quant à la pornographie infantile ou celle mettant en scène des enfants, elle désigne « toute représentation, par quelque moyen que ce soit, d'un enfant s'adonnant à des activités sexuelles explicites, réelles ou simulées, ou toute représentation des organes sexuels d'un enfant, dont la caractéristique dominante est d'être réalisée à des fins sexuelles »[52].

La pornographie infantile désigne également toute forme de participation des enfants à la réalisation des films pornographiques, c'est-à-dire des films qui montrent le sexe des enfants ou des personnes faisant l'amour ou couchant avec des enfants[53].

Les enfants qui subissent l'exploitation ou la violence sexuelle au Tchad sont le plus souvent des petites filles.

---

[50] -Sur la définition de viol, voir article 349 du NCPT ;

[51] - Cf. Article 2, b. du Protocole facultatif à la Convention relative aux droits de l'enfant, concernant la vente d'enfants, la prostitution d'enfants et la pornographie mettant en scène les enfants, (adopté le 25 mai 2000) ;

[52] - Cf. article 2, c. du Protocole facultatif à la CDE concernant la prostitution d'enfants et la pornographie mettant en scène des enfants, op.cit. ;

[53] - Sur la définition et la sanction pénale de la pornographie infantile, voir article 362 du NCPT et article 2, c. du Protocole facultatif à la CDE, concernant la vente d'enfants, ..., op.cit. ;

Il convient de préciser ici que la loi protège les enfants contre le viol, la violence et l'exploitation sexuelles[54] ou la prostitution. Dans ce genre des pratiques, les enfants sont considérés comme des objets sexuels ; ce qui constitue une violation flagrante du droit au respect du corps, de la personne et de la dignité des enfants.

Les États parties à la Convention relative aux Droits de l'Enfant dont le Tchad, doivent « protéger l'enfant contre toutes les formes d'exploitation et de violence sexuelle »[55].

2.1.3.5 Le droit à une protection contre toute forme d'exploitation économique ou le droit à une protection contre le travail des enfants[56]

L'enfant a le droit « d'être protégé contre l'exploitation économique et de n'être astreint à aucun travail comportant des risques ou susceptible de compromettre son éducation ou de nuire à sa santé ou à son développement physique, mental, spirituel, moral ou social »[57].

En d'autres termes, l'enfant a le droit d'être protégé contre toute forme de travail forcé[58] et de travail contraire à son bien-être[59].

Au Tchad, l'âge minimum d'embauche est de quatorze (14) ans, c'est-à-dire que la loi autorise les enfants à travailler ou à signer des contrats de travail à partir de 14 ans[60]révolus. Ainsi, il est donc strictement interdit, au regard de la législation actuellement

[54] - Sur les sanctions pénales de la prostitution des mineurs, voir articles 363 et 364 du NCPT ;

[55] - Cf. Article 34 de la CDE ;

[56] - Cf. article 15 de la CADBE ;

[57] - Cf. article 32,1. de la CDE ;

[58] - Cf. article 19 de la Constitution tchadienne du 04 mai 2018 révisée le 14 décembre 2020 ;

[59] - Sur la liste des pires formes de travail de l'enfant interdit par la loi, Voir article 3 de la Convention n° 182 sur les pires formes de travail des enfants du 17 juin 1999

[60] - Cf. article 1er du Décret N°55 du 8 février 1969 relatif au travail des enfants ;

en vigueur au Tchad, de recruter ou de faire travailler des enfants dans un emploi quelconque avant l'âge de 14 ans[61].

En ce qui concerne les mineurs de 14 à moins de 18 ans (ou 14 à 17 ans), il est strictement interdit à tout employeur de les faire travailler pendant la nuit[62] (entre 22 heures à 5 heures du matin) ou de leur confier des tâches plus difficiles pouvant nuire à leur éducation ou à leur santé[63].

De même, la loi interdit de faire travailler les enfants dans les boîtes de nuit ou dans les bars, parce que pouvant nuire à leur éducation.

Par ailleurs, notons enfin qu'un enfant en apprentissage dans une école de formation professionnelle ne peut pas être considéré comme étant en situation d'exploitation. Il en est de même pour les enfants qui exécutent des petites tâches ménagères ou des petits travaux pour le compte de leur famille, parce que ces occupations sont considérées comme indispensables pour leur propre éducation.

2.1.3.6 Le droit à une protection contre la traite et le trafic des enfants [64]

L'enfant a le droit d'être protégé contre toute forme de traite[65] ou de trafic.

En d'autres termes, l'enfant en tant que personne humaine est donc un être sacré. Par conséquent, il ne peut être vendu comme une marchandise, ni traité comme un esclave. Les parents ne

---

[61] - Cf. article 52 du Code du Travail Tchadien (CTT) ;

[62] - Cf. article 206 du Code du Travail Tchadien (CTT) ;

[63] - Sur la liste des travaux auxquels les mineurs de moins de 18 ans et de moins de 16 ans ne peuvent être employés, voir articles 6 et 7 du Décret N°55 du 08 février 1969, relatif au travail des enfants.

[64] - Voir article 35 de la CDE et article 29 de la CADBE ;

[65] - Sur la définition de la traite des personnes, voir article 6. 2 de l'Ordonnance N°006/PR/2018 du 30 mars 2018, portant lutte contre la traite des personnes au Tchad ;

peuvent en aucun cas invoquer les raisons liées à leur état de pauvreté pour tenter de justifier une telle pratique inhumaine.

L'État a l'obligation d'empêcher tout enlèvement, toute forme de vente ou traite d'enfants, comme le cas des enfants bouviers ou autres. C'est dans ce sens que la CDE interdit en son article 11 tous les *« déplacements et les non-retours illicites d'enfants » et* la Constitution tchadienne du 4 mai 2018 révisée le 14 décembre 2020 dispose en son article 19 que *« nul ne peut être tenu en esclavage ou en servitude ».*

2.1.3.7 Le droit à une protection contre l'enrôlement de l'enfant dans les forces ou groupes armés [66]

Dans certains pays, de nombreux enfants sont recrutés par l'armée nationale ou par des groupes armés non étatiques tels que les mouvements rebelles, les guérillas, les groupes terroristes ou les milices, dans le but de les impliquer ou de les faire participer aux conflits armés.

Ces enfants sont utilisés au sein de ces forces ou groupes armés en qualité de combattants, d'espions, de messagers, de transporteurs, des cuisiniers, des poseurs des mines, démineurs ou autres.

On les appelle *« les enfants soldats » ou « les enfants associés aux forces ou groupes armés ».*

Au Tchad, les enfants soldats ont pendant longtemps existé au sein des forces de défense et de sécurité[67] et de plusieurs mouvements rebelles. Heureusement, selon les informations officielles issues des Nations Unies, il n'existe plus d'enfants soldats au sein de l'Armée nationale Tchadienne depuis

---

[66] - Voir article 38 de la CDE et article 22 de la CADBE ;

[67] - Qu'il s'agisse de la Gendarmerie Nationale, de l'Armée Nationale, de la Police Nationale, de la Garde Nationale et Nomade du Tchad ;

juillet 2014, date à laquelle la République du Tchad a été officiellement retirée de la liste A du Rapport du Secrétaire Général des Nations Unies sur les enfants affectés par les conflits armés, dite « liste de la honte »[68].

En réalité, le phénomène des enfants soldats constitue une violation grave des droits de l'enfant car le travail de soldat ou de combattant armé est très dangereux et ne peut être exercé par des enfants.

C'est pourquoi, au Tchad par exemple, la loi, interdit tout recrutement dans l'armée, la Gendarmerie, la Police et la Garde Nationale Nomade avant l'âge de dix-huit (18) ans révolus[69].

Le protocole facultatif à la CDE contre la participation des enfants à des conflits armés prescrit aux États parties, d'adopter des mesures d'ordre juridique appropriées, pour l'interdiction et la sanction pénale de tout enrôlement des enfants dans les forces ou groupes armés[70].

L'État doit donc prendre des mesures appropriées pour éviter tout recrutement des enfants dans les mouvements et forces armés, et faire retirer[71] tous les enfants qui y sont déjà engagés, si jamais il en existe. L'État doit aussi protéger tous les enfants

---

[68] - Cf. Rapport annuel du Secrétaire Général (de l'ONU) sur les enfants et les conflits armés... dans 23 situations de conflit, New York, juillet 2014, http://chilrenandarmedconflict.un.org/fr/press-release/zerougui-hrc;

[69] - Cf. article 3, point 4 de la Directive présidentielle N°008/PR/EMP/2013 du 10 octobre 2013, portant respect des conditions de l'âge de recrutement au sein de l'Armée Nationale Tchadienne, articles 1er et 2 du Protocole facultatif à la convention relative aux droits de l'enfant, concernant l'implication d'enfants dans les conflits armés, du 25 mai 2000 ;

[70] - Cf. article 4.2 dudit Protocole.

[71] - Cf. article 6.3 du Protocole facultatif contre la participation des enfants aux conflits armés, op. cit. ;

qui sont affectés par les conflits armés tels que les enfants déplacés ou réfugiés ou autres.

2.1.3.8 Le droit à la protection de la vie privée de l'enfant [72]

L'enfant a le droit à la protection de sa vie privée. À cet effet, il est fait interdiction par la loi à toute personne de s'ingérer (ou de s'immiscer) de façon abusive dans la vie privée de l'enfant, dans celle de sa famille, dans son domicile, de violer le secret de ses correspondances[73] ou de porter atteinte à son honneur.
Ainsi, il est par exemple interdit de lire les correspondances d'un enfant sans son avis, de diffuser des informations relatives à l'état de santé d'un enfant malade, de diffuser des informations permettant d'identifier un enfant impliqué dans une procédure judiciaire ou de publier des comptes rendus des audiences judiciaires dans le cadre d'une telle procédure[74], etc.

2.1.3.9 Le droit de l'enfant à la protection contre la consommation de la drogue, des stupéfiants et autres produits dangereux[75]

L'enfant a le droit d'être protégé contre la manipulation, la consommation ou le trafic de la drogue ainsi que de tous les produits dangereux tels que l'alcool ordinaire, l'alcool frelaté en petits sachets ou bouteilles, le « trama dol », etc. Car ces produits sont nuisibles pour sa santé, pour son éducation et pour sa vie en général. Et l'enfant qui manipule ou consomme ces produits dangereux peut tomber malade (physiquement ou mentalement) ou même mourir.

---

[72] - Cf. article 16 de la CDE et article 10 de la CADBE ;
[73] - Sur le droit au respect du secret des correspondances et de la communication de Cf. article 49 de la Constitution tchadienne du 04 mai 2018 révisée le 14 décembre 2020 ;
[74] - - Cf. article 19, alinéa 1er de la Loi N°007/PR/99 du 06 avril 1999, portant procédure de poursuite et de jugement des infractions commises par les mineurs de treize ans à moins de dix-huit (18) ans ;
[75] - Cf. article 33 de la CDE et article 28 de la CADBE.

Les parents ou les personnes responsables des enfants, les vendeurs de ces produits dangereux et les agents de sécurité doivent prendre toutes les dispositions qui s'imposent pour que les enfants ne soient pas exposés à ces produits dangereux.

Et c'est pour renforcer la protection de ce droit fondamental de l'enfant que le nouveau Code pénal tchadien réglemente et punit dans ses articles 376 à 380, l'accès illégal des mineurs aux débits de boissons ainsi que la consommation des boissons alcooliques par ces derniers.

2.1.3.10 Le droit des enfants en situation particulièrement difficile à une protection spéciale

Tous les enfants, faut-il le rappeler, ont par nature besoin d'une attention ou d'une protection particulière. Mais, certains enfants qui sont en situation particulièrement difficile ont besoin de plus de protection ou plutôt d'une protection spéciale par rapport à d'autres. Il s'agit par exemple :

- des enfants réfugiés ou victimes des conflits armés et enfants en situations d'urgence, comme en cas de famine, d'épidémie, d'inondation ou autres calamités[76] (naturelles ou du fait de l'homme) ;
- des enfants handicapés tels que les enfants paralysés, les enfants sourds, des enfants aveugles ou malvoyants qui ont besoin des soins spéciaux et d'une prise en charge spéciale [77];
- des enfants en conflit avec la loi tels que les jeunes délinquants qui sont poursuivis devant les juridictions ou emprisonnés pour avoir commis une infraction pénale[78] ;
- des enfants soldats ou associés aux forces ou groupes armés ;

---

[76] - Voir articles 22 et 38 de la CDE et article 23 de la CADBE ;

[77] - Voir article 23 de la CDE et article 13 de la CADBE ;

[78] - Voir Articles 37et 40 de la CDE ;

- des enfants privés de leur milieu familial[79], c'est-à-dire des enfants qui, pour diverses raisons, vivent en dehors du cercle familial[80] ; (ex : enfants de la rue, enfants placés dans des centres spécialisés tels que les orphelinats ou centres de réinsertion ou de rééducation d'enfants, etc.) ;
- des enfants en danger physique ou moral tels que les enfants victimes de la traite, de trafic ou d'enlèvement, des enfants victimes de maltraitance ou des mauvais traitements qui ont droit à une prise en charge appropriée (médicale, psycho-sociale ...), surtout de la part des services techniques de l'État[81].

2.1.3.11 Le droit à une protection des enfants des mères emprisonnées[82]

La loi prévoit une protection spéciale au profit des femmes enceintes et des mères des nourrissons ou des jeunes enfants emprisonnées, dans l'intérêt surtout de leurs enfants.
Ainsi, les peines d'emprisonnement contre des mères avec leurs enfants sont en principe interdites. Toutes les peines d'emprisonnement contre les femmes enceintes, les mères des nourrissons et des jeunes enfants ne peuvent être prononcées qu'à titre exceptionnel et leur détention (en principe) dans des structures spécialisées.

Le but du système pénitentiaire concernant ces mères d'enfants est de permettre après la prison leur réhabilitation sociale et leur réinsertion au sein de leur famille ou de leur communauté, dans le respect de l'intérêt supérieur de leurs enfants respectifs.

---

[79] - Voir Article 20 de la CDE ;
[80] - Voir article 21 de la CDE ;
[81] - Voir article 35 de la CDE, article 16, al 1er de la CADBE, articles 26 et 27 de la loi N°019/PR/2017 du 28 juillet 2017, portant régime pénitentiaire au Tchad ;
[82] - Cf. article 30 de la CADBE.

2.1.3.12 Les Droits spéciaux de l'enfant en conflit avec la loi

Le terme « enfant en conflit avec la loi » fait référence à tout jeune de moins de 18 ans qui est en contact avec le système judiciaire après avoir été suspecté, inculpé, accusé ou convaincu d'une infraction à la loi pénale[83]», c'est-à-dire tout enfant accusé ou poursuivi ou reconnu coupable d'avoir posé un ou des actes interdits par la loi. Les enfants en conflit avec la loi représentent la catégorie des enfants particulièrement vulnérables qui requièrent une protection également particulière.

Ces enfants, bien qu'ils se soient très mal comportés en violant la loi, doivent être traités avec beaucoup d'attention et de respect, en tenant compte de leur jeune âge, dans le respect de leur dignité.

Les droits reconnus aux enfants en conflit avec la loi pour les protéger sont les suivants :

- Le droit d'être jugé par une juridiction spéciale, appropriée aux enfants[84] : Il s'agit de « la Chambre pour enfants » qui existe au sein des Tribunaux de Grande Instance et qui est dirigé par un juge pour enfants, assisté de deux (02) assesseurs ;
- Le droit à un délai assez réduit de la garde à vue : un mineur ne peut être gardé à vue[85] au-delà d'un délai maximum de dix (10) heures [86];
- Le droit à la garantie traditionnelle d'un procès équitable et juste : l'enfant qui est victime ou qui est poursuivi pour une infraction à la loi doit bénéficier d'un traitement juste et même

[83] - Sur la définition d'un enfant en conflit avec la loi, voir article 40 de la CDE ;
[84] - Voir article 1er de la Loi N°007/PR/99 du 06 avril 1999, op.cit. ;
[85] - Sur la définition de la garde à vue, voir Annexe n°1, infra ;
[86] - Voir article 7, alinéa 2 de la loi N°007 du 06 avril 1999, op.cit. ;

plus favorable, conformément à la législation en vigueur[87]. Par exemple, l'enfant a le droit d'être interrogé en présence de ses parents ou de son avocat, le droit de se défendre et d'être défendu par un avocat[88], le droit à un traitement rapide de son dossier, le droit à la présomption d'innocence ou le droit d'être considéré comme innocent jusqu'à sa condamnation éventuelle à la suite d'une procédure régulière[89], le droit d'être informé des accusations portées contre lui ainsi que des différentes étapes de la procédure, etc.

- Le droit au respect de la vie privée de l'enfant durant toutes les étapes de la procédure judiciaire :.

Ce droit se traduit à travers l'interdiction par la législation en vigueur de toute publicité autour d'un procès dans lequel est impliqué un mineur.

À ce titre, il est par exemple interdit de publier l'image ou toute information permettant d'identifier un mineur impliqué dans une procédure judiciaire quelconque, ou de publier tout compte rendu des audiences judiciaires dans le cadre d'une telle procédure[90].

Ainsi, toutes les audiences judiciaires concernant les dossiers dans lesquels sont impliqués les enfants, en tant que victimes, auteurs ou complices doivent être prises en chambres de conseil (c'est-à-dire à huis clos ou en audience non publique)[91].

---

[87] - Voir articles 37. d, 40, al 2.i de la CDE, article 17, al 2. c de l'CADBE et 9, alinéa 2 de la Loi N°007 du 06 avril 1999, op.cit. ;

[88] - Voir article 9, alinéa 2 de la Loi N°007 du 06 avril 1999, op.cit. ;

[89] - Voir article 40, al 2.i de la CDE et article 25 de la Constitution tchadienne du 04 mai 2018 révisée le 14 décembre 2020 ;

[90] - Cf. article 19, alinéa 1er de la Loi N°007/PR/99 du 06 avril 1999, portant procédure de poursuite et de jugement des infractions commises par les mineurs de treize ans à moins de dix-huit (18) ans ;

[91] - Voir article 17, al. 2. d. de la CADBE, article 40. 2b de la CDE et article 19 de la loi N°007 du 06 avril 1999, op. cit. ;

▪ Le droit d'être protégé contre toute arrestation illégale[92] : l'arrestation, la détention ou l'emprisonnement d'un enfant, même pour une très courte durée, ne doit être qu'une mesure de dernier ressort et en conformité avec la loi. En d'autres termes, toute détention d'un enfant, aussi brève soit-elle, ne peut être décidée que lorsqu'il n'existe aucune autre sanction appropriée, par rapport à l'infraction commise[93] ou aux circonstances de cette infraction ;

▪ Le droit spécifique pour les mineurs de moins de treize (13) ans, de ne pas être condamnés à une peine pénale :

Au Tchad, l'âge légal de la responsabilité pénale est fixé à 13 ans révolus. Ce qui veut dire que les enfants âgés de moins de 13 ans ne peuvent être condamnés à une peine pénale (c'est-à-dire une peine d'emprisonnement, même lorsqu'ils sont reconnus coupables d'une infraction pénale punie d'une telle peine). Mais ces enfants ne peuvent faire l'objet que de mesures d'assistance, de protection et d'éducation appropriées pouvant être prononcées à leur encontre par la juridiction compétente.

Seuls les enfants âgés d'au moins treize (13) ans révolus peuvent être poursuivis sur le plan pénal ou être condamnés à une peine pénale[94]. Et le principe en matière de sanction des mineurs, même dans ce cas, reste la condamnation à des mesures de protection et de rééducation.

Par contre, sur le plan de la responsabilité civile des mineurs en général, toute faute quelconque des mineurs engage la responsabilité civile de leurs parents ou tuteurs respectifs, sur la base des articles 1383 et suivants du Code civil.[95]

---

[92] - Cf. article 22 de la Constitution tchadienne du 04 mai révisée le 14 décembre 2020.

[93] - Cf. article 37, b. de la CDE ;

[94] - Voir article 64 du NCPT, articles 22 et 23 de la loi N°007/PR/99, op.cit., fixant l'âge minimum de la responsabilité pénale à 13 ans révolus.

[95] - La mise en jeu de cette responsabilité va obliger les personnes responsables de l'enfant, auteur d'un délit civil, à réparer le dommage résultant de ce délit, à travers

▪ Le droit à une peine d'emprisonnement inférieure ou égale à la moitié de la peine prévue par la loi pour les adultes[96]. Par exemple, lorsque la loi prévoit pour une infraction quelconque une peine de quatre (04) ans d'emprisonnement, un mineur qui commet la même infraction doit être condamné à une peine inférieure ou égale à 02 ans d'emprisonnement (soit la moitié de la peine légale) ;

▪ Le droit à ne pas être condamné à une peine d'emprisonnement à vie, ni à une peine de mort : contrairement à un adulte, un enfant ne peut être condamné à une peine d'emprisonnement à vie, c'est-à-dire sans possibilité de libération[97], jusqu'à sa mort.

En outre, même dans la législation tchadienne antérieure à l'abolition de la peine de mort, lorsqu'un enfant commettait une infraction punie d'une condamnation à mort, cette peine devrait être commuée ou convertie en une peine d'emprisonnement de dix (10) ans maximum[98] ;

▪ Le droit à une détention dans des cellules séparées de celles des adultes[99] : Cette exigence se justifie essentiellement par la nécessité d'apporter une protection appropriée à l'enfant en milieu de détention, contre toute forme d'abus éventuel de la part des détenus ou prisonniers adultes. Cela signifie que tous les centres de détention doivent comporter en principe des cellules pour enfants, totalement séparées de celles des adultes (hommes et femmes), sans aucune possibilité de communication entre celles-ci ;

---

une compensation pécuniaire appelée « dommages et intérêts » au profit des personnes qui sont victimes.

[96] - Cf. article 23, alinéa 2 de la Loi N°007/PR/99 du 06 avril 1999, op.cit. ;

[97] - Voir article 37, a. de la CDE ;

[98] - Voir article 30, alinéa 2 de la Loi N°007/PR/99 op.cit. ;

[99] - Voir article 23, alinéa 2 de la Loi N°007/PR/99 du 06 avril 1999, op.cit. et article 17, 2.b. de la CADBE ;

▪ Le droit de garder toujours contact avec ses parents, même en cas d'emprisonnement de l'enfant [100];

▪ Le droit à la non-inscription des condamnations de l'enfant dans son casier judiciaire[101] : A la différence des adultes, toute condamnation pénale prononcée à l'égard d'un enfant ne doit en aucun cas être mentionnée sur son casier judiciaire ;

▪ Le droit de l'enfant à une protection contre tout acte de violence ou de maltraitance physique ou psychologique, le droit à une protection contre toute atteinte à sa dignité et à son intégrité physique ou psychologique (durant la procédure judiciaire et la détention)[102];

▪ Le droit à un traitement qui favorise la réinsertion ou la réintégration des enfants emprisonnés, dans leur communauté[103] :

Durant la détention, les enfants ont le droit à un traitement de faveur qui doit faciliter leur réinsertion sociale ou les préparer à mieux se prendre en charge, après la détention.

La préparation à cette réinsertion sociale doit être assurée durant la détention par des structures spécialisées, à travers par exemple des formations professionnelles orientées vers l'exercice des métiers pratiques ou autres.

Au regard de ce qui précède, un enfant en conflit avec la loi qui a été reconnu coupable d'une infraction pénale, doit être sanctionné avec moins de rigueur et surtout avec plus d'attention, compte tenu de son jeune âge ou de son statut d'être humain assez fragile.

---

[100] - Voir Article 37, c. de la CDE ;

[101] - Voir l'article 26 de la Loi N°007/PR/99 du 06 avril 1999, op.cit. ;

[102] - Voir article 17, al 2, a de la CADBE ;

[103] - Voir articles 32 et suivants de la Loi N°007/PR/99, op.cit., et article 17, al. 3 de l'CADBE ;

2.2 L'enfant a-t-il aussi des devoirs ?

Les enfants n'ont pas seulement des droits, mais ils ont aussi des devoirs. Les devoirs de l'enfant en effet, désignent toutes les obligations qui s'imposent à chaque enfant. Ces devoirs se traduisent à travers l'ensemble de comportements ou d'actions que la loi impose à chaque enfant. Il peut s'agir des obligations de faire ou de ne pas faire quelque chose, vis-à-vis des autres.

Ainsi, tout enfant a des devoirs envers sa famille, envers la société, envers l'État et envers tous les autres autour de lui.

Par exemple, l'enfant a le devoir de respecter la loi de son pays[104], c'est-à-dire qu'il ne doit pas faire ce qui est interdit par la loi. Par exemple, il ne doit pas voler, fumer de la drogue ou blesser une autre personne avec un couteau, etc.
L'enfant a également le devoir de servir sa communauté ou son pays, de respecter ses parents et les personnes âgées en toutes circonstances.
Aussi, l'enfant, selon son âge, a le devoir d'assister ou d'aider ses parents en cas de besoin, comme dans les petits travaux de la maison tels que puiser de l'eau, aller au champ, aller au marché ou à la boutique du quartier ou autres.

L'enfant a enfin le devoir de respecter les droits des autres enfants ou des autres personnes dans la société.

Le refus par un enfant d'accomplir ses devoirs[105] vis-à-vis des autres constitue un manquement pouvant dans certains cas l'exposer à des poursuites judiciaires ou à des sanctions. Et même dans le cas où l'enfant doit être sanctionné par rapport à ces manquements, cette sanction doit toujours tenir compte de son jeune âge ou de son statut de personne vulnérable.

---

[104] - Aux termes de l'article 53 de la Constitution tchadien du 04 mai 2018 révisée le 14 décembre 2020, tout citoyen est tenu de respecter les lois et règlements de son pays ;

[105] - Sur les devoirs de l'enfant africain, voir article 31 de la CADBE ;

CHAPITRE III : Dans quels cas peut-on parler de violation des droits de l'enfant ?

On parle de violation des droits de l'enfant à chaque fois que l'un de ces droits n'est pas respecté. Ces droits peuvent être violés par les parents, par l'État ou ses représentants, par d'autres enfants ou par toute autre personne.

Voici quelques exemples des cas de violation des droits de l'enfant qui sont les plus fréquents au Tchad :

3.1 Les cas d'avortements

L'avortement désigne l'interruption volontaire d'une grossesse ; c'est-à-dire l'acte qui consiste à mettre fin de façon volontaire à la vie de l'enfant qui est encore dans les seins ou le ventre de sa mère qu'on appelle « fœtus ».

L'avortement constitue un cas de violation flagrante du droit de l'enfant à la vie, car la vie commence dès la conception de l'enfant dans les seins de sa mère.

En plus de mettre fin à la vie du fœtus, l'avortement peut parfois entraîner des complications gynécologiques pouvant se traduire par l'infertilité voire le décès de la mère en question.

Ainsi, toute personne qui est reconnue coupable ou complice d'un cas d'avortement doit être punie, en fonction des circonstances, d'une peine d'emprisonnement d'un (01) à cinq (05) ans et d'une amende de 100 000 FCFA à 1 000 000 FCFA[106].

Toutefois, la loi autorise à titre exceptionnel l'avortement médicalisé lorsque la vie de la mère est en danger, ou lorsque la

[106] - Cf. article 356 du Nouveau Code Pénal Tchadien (NCPT) ;

grossesse en question est la conséquence (ou résulte) d'un cas de viol, d'inceste ou d'agression sexuelle[107].

3.2 Les cas d'infanticide

L'infanticide est défini comme étant *« le meurtre ou l'assassinat d'un enfant nouveau-né »*[108]

Ce type d'infraction est rencontré de temps en temps dans plusieurs localités du Tchad. Ce sont par exemple des cas des nouveau-nés qui sont retrouvés morts, suite à un abandon volontaire dans les caniveaux ou les WC, ou ceux qui sont simplement assassinés immédiatement ou peu de temps après leur naissance.

Dans la plupart des cas, les auteurs et complices des cas d'infanticide sont des proches parents des nouveau-nés en question (plus généralement leurs propres mères). Ces parents n'ont pour seul souci que de se débarrasser coûte que coûte de leurs enfants nouveau-nés, pour diverses raisons.

Parmi les raisons pour lesquelles certains parents décident de supprimer la vie à leurs propres enfants nouveau-nés, nous pouvons citer entre autres l'état de pauvreté et la fuite de responsabilité de ces parents de s'occuper de leurs enfants, la naissance d'enfants suite à l'inceste, à des grossesses non-désirées par les parents, etc.

L'infanticide est une infraction grave qualifiée de crime et qui constitue une violation du droit à la vie[109] des nouveau-nés qui en sont victimes ; la vie ou la personne humaine étant par nature sacrée et inviolable[110].

---

[107] - Voir article 358 du NCPT.

[108] - Cf. article 355, alinéa 1er du NCPT.

[109] - Le droit à la vie reconnue à tout individu, y compris les enfants, par l'article 17, al 2 de la Constitution tchadienne du 04 mai 2018 révisée le 14 décembre 2010 ;

[110] - Cf. article 17, al 1er de la Constitution tchadienne du 04 mai 2018 révisée le 14 décembre 2020 ;

Et aux termes de l'article 355 alinéa 2 du NCPT, « la mère, auteur ou complice de l'assassinat ou de meurtre de son enfant nouveau-né sera puni d'un emprisonnement de cinq (05) à dix (10) ans, sans que cette peine ne puisse s'appliquer à ses coauteurs ou complices ».

3.3 Les cas de violation du droit de l'enfant à la santé

La violation du droit à la santé au Tchad se traduit essentiellement à travers un accès limité de la majorité d'enfants aux soins de santé de qualité, mais également aux vaccins[111], pour diverses raisons.

Ainsi, par exemple pour des raisons d'ordre socioculturel, certains parents ont une préférence assez marquée pour la médecine traditionnelle, au détriment de la médecine moderne, privant du coup volontairement leurs enfants des soins de santé de qualité.

Aussi, pour des raisons d'ordre socio-économique liées à leur état de pauvreté, certains parents se trouvent dans l'impossibilité de faire bénéficier à leurs enfants des soins de santé de qualité.

Enfin, l'une des raisons pour lesquelles des nombreux enfants tchadiens bénéficient d'un accès limité aux soins de santé de qualité, peut être liée également à la faible capacité des structures sanitaires publiques (en termes de qualité et de quantité) de pouvoir garantir ces soins à tous les enfants.

Il convient de préciser ici que cet accès limité des enfants aux soins de santé de qualité a pour conséquence majeure une mortalité infantile à un taux très élevé. Et selon l'Enquête

---

[111] - Selon l'Enquête Démographique et de Santé et à Indicateurs Multiples (EDS-MICS) 2014- 2015, un (01) enfant sur quatre (04) seulement, âgé de 12 à 23 mois au Tchad a été complètement vacciné, soit un taux de 25%, voir EDS- MICS 2014- 2015, p.137.

Démographique et de Santé et à Indicateurs Multiples (EDS-MICS) 2014-2015[112], la plupart des décès des enfants de moins de cinq (05) ans au Tchad, est due à des maladies[113] évitables et qui peuvent être soignées.

Au regard de ce qui précède, l'État, ses partenaires au développement ainsi que les parents sont interpellés, chacun en ce qui le concerne, à prendre des dispositions nécessaires en vue de garantir à tous les enfants tchadiens la jouissance totale et entière de leur droit fondamental à la santé. Un enfant malade ou mal soigné court le risque de mourir à très bas âge.

3.4 Les cas d'abandon d'enfants

Il s'agit des enfants qui sont abandonnés par leurs parents (le plus souvent leurs mamans), à leur naissance ou plusieurs jours après leur naissance, dans les maternités, les poubelles ou caniveaux, dans les WC, etc.

Ces enfants abandonnés se retrouvent exposés aux intempéries de toute sorte et même à la mort, car certains d'entre eux sont souvent récupérés sans vie.

Ce phénomène d'abandon d'enfants est malheureusement courant dans nos villes et campagnes, à cause de la cruauté et de l'irresponsabilité criarde des parents concernés.

Il constitue une négation de la dignité de l'enfant et une violation grave des droits de l'enfant à la vie ou à la protection de sa famille, etc.

Les parents ou toutes les personnes responsables d'un enfant qui abandonnent leur enfant, en l'exposant à un danger quelconque,

---

112 - Cf. EDS- MICS 2014- 2015, p. 137.

113 - Les maladies d'enfants les plus fréquentes au Tchad sont les infections respiratoires aigües (IRA), les maladies diarrhéiques, le paludisme, et autres, selon EDS- MICS 2014- 2015, p. 147.

sont punis d'une peine d'emprisonnement ferme pouvant aller jusqu'à cinq (05), voire quinze (15) ans, en cas de décès de la victime occasionné par cet abandon et d'une amende pouvant aller jusqu'à 500 000 FCFA, selon les circonstances[114].

3.5 La non-déclaration des naissances d'enfants par certains parents

Au Tchad, la loi impose aux parents de déclarer la naissance de chaque enfant à l'état civil du lieu de sa naissance. L'état civil en effet, désigne le service de l'État qui enregistre et établit les actes de naissance, de mariage, de décès et autres. Ce service existe à la mairie, à la sous-préfecture, dans les ambassades et consulats du Tchad à l'étranger.

Dans les camps des réfugiés établis au Tchad, c'est le Centre National d'Accueil et de Réinsertion des Réfugiés (CNARR) qui s'occupe des déclarations des naissances ainsi que de l'établissement des actes de naissance, en collaboration avec les services étatiques compétents.

La déclaration de naissance est gratuite[115]. Elle doit se faire dans un délai qui ne doit pas dépasser un mois pour compter de la date de la naissance de l'enfant[116]. Cette déclaration permet à l'enfant déclaré d'avoir un acte de naissance qui est le premier document officiel lui permettant de prouver son identité. Elle permet surtout à l'État d'identifier chacun de ses ressortissants et de leur accorder sans doute la nationalité.

Mais en réalité, beaucoup de parents au Tchad, surtout ceux habitant dans les zones rurales, n'ont pas l'habitude de déclarer la naissance de leurs enfants à l'état civil. Selon l'Enquête

---

114 - Cf. article 320 du NCPT.

115 - Voir article 12/ loi N°008/PR/2013 du 10 mai 2013, portant organisation de l'état civil au Tchad ;

116 - Voir article 25/ loi N°008/PR/2013 du 10 mai 2013, op.cit. ;

Démographique et de Santé 2014-2015, le taux national d'enregistrement des naissances des enfants de moins de cinq (05) ans à l'état civil au Tchad est seulement de 12 % environ[117].

Le refus de déclaration de naissance des enfants constitue une violation de leur droit à l'identité. Car, un enfant qui n'est pas déclaré ou enregistré à l'état civil à sa naissance risque de ne pas connaître avec exactitude sa date de naissance et surtout de se voir refuser le droit à une identité officielle, notamment le droit à un nom et à une nationalité.

3.6 Le phénomène des enfants de la rue

Certains parents, pour plusieurs raisons, chassent leurs enfants de la maison ou les abandonnent à la maison. Certains enfants quittent d'eux-mêmes pour diverses raisons la maison familiale pour vivre finalement dans la rue.

Ces enfants en rupture avec leur milieu familial sont appelés *« des enfants de la rue »*[118]. Ils vivent généralement dans les marchés, les gares, autour des décharges publiques des grandes villes, dans les espaces publics ou autres endroits similaires. Ils ne vont généralement pas à l'école parce qu'il n'y a personne pour les inscrire à l'école. Ils mangent et dorment dans la rue parce qu'il n'y a personne pour s'occuper d'eux.

En d'autres termes, lorsqu'ils ont faim, ils sont souvent obligés de mendier ou parfois de voler pour survivre, ou de manger tout ce qu'ils trouvent par terre ou dans les tas d'ordures.

---

117 - Sur l'enregistrement des naissances d'enfants de moins de cinq (-5) ans, voir Enquête Démographique et de Santé et à Indicateur Multiples au Tchad (EDS-MICS) 2014- 2015, de l'Institut National de la Statistique, des Etudes Economiques et Démographiques (INSEED), P.383 ;

118 - Le terme « enfants de la rue » désigne tout mineur qui a pour milieu de vie et de survie les rues, c'est-à-dire des enfants qui sont en rupture avec leur milieu familial et qui vivent et survivent uniquement dans les rues.

Quand ils tombent malades, il n'y a personne également pour les soigner ou les amener à l'hôpital. Ces enfants ne bénéficient ni de l'éducation, ni de la protection de leur famille.

Pendant qu'ils sont dans la rue, beaucoup d'entre eux fument de la drogue et sont maltraités de temps en temps par d'autres enfants de la rue qui sont plus forts ou plus grands par rapport à eux. Ces enfants sont exposés aux maladies sexuellement transmissibles telles que le SIDA, les hépatites B et C ou autres. Ils ne bénéficient donc nullement de l'attention qu'ils méritent en tant qu'enfants.

Ils sont souvent victimes d'une stigmatisation de la société qui, par préjugé, les rejette catégoriquement, en les considérant tous comme des bandits ou des délinquants auxquels sont associés tous les maux de la rue.

Et dans le cas où personne ne vient les récupérer pour s'occuper d'eux ou les rééduquer, ces enfants deviendront des délinquants, des bandits, des voleurs, c'est-à-dire des personnes très dangereuses pour la société. À cause de leur non-scolarisation ainsi que de l'ensemble de leurs conditions de vie assez difficiles, les enfants de la rue ne bénéficient nullement des mêmes chances ou opportunités que les autres enfants vivant dans les familles.

Il convient de préciser ici que les parents qui renvoient leurs enfants dans la rue ou qui ne font aucun effort pour empêcher leurs enfants de vivre dans la rue, violent plusieurs droits fondamentaux de ces enfants, à savoir : le droit à la santé, à l'éducation, à la non-discrimination, le droit à une alimentation saine et en quantité suffisante, le droit de l'enfant à la protection de sa famille, le droit à une protection contre les violences et la consommation des produits dangereux tels que la drogue ou autres produits similaires, etc.

Heureusement, il existe ce dernier temps au Tchad quelques rares organisations de la société civile qui essaient autant que faire se peut et avec des moyens assez limités, de récupérer petit à petit ces enfants de la rue, en vue de s'occuper de leur réinsertion socio-éducative et socioprofessionnelle.

3.7 Les cas des enfants exposés à la drogue ou aux produits dangereux

Il s'agit des enfants qui, pour diverses raisons, se livrent à la consommation, au trafic ou à la commercialisation de la drogue ou autres produits dangereux comme le « trama dol », l'alcool frelaté, etc.

Non seulement ces produits peuvent les rendre malades ou entraîner à moyen ou long terme leur décès, mais également les pousser à causer des actes de grand banditisme tels que les braquages à mains armées, les assassinats, les agressions physiques, les coups et blessures volontaires et/ou mortels, etc.

Les enfants qui consomment ces produits dangereux sont plus nombreux parmi les enfants de la rue, à l'exemple de ceux qui vivent autour du marché de Dembé dans le 6ème Arrondissement de la Ville de N'Djamena. Il s'agit là d'un phénomène qui constitue des cas de violation du droit de l'enfant à la santé et à une protection contre la consommation de la drogue ou des produits dangereux.

3.8 La violation du droit de l'enfant à l'éducation

Lorsqu'un parent refuse d'inscrire un enfant à l'école ou lorsqu'il l'enlève de l'école pour l'envoyer garder les bœufs ou travailler au champ, ou lorsqu'il décide de l'envoyer en mariage précoce (en ce qui concerne les filles), ce parent viole le droit des enfants concernés à l'éducation parce qu'il empêche ces derniers de jouir de ce droit fondamental.

Le nouveau Code pénal tchadien punit en son article 369 d'une amende de 50 000 à 500 000 FCFA, ou en cas de récidive, d'un d'emprisonnement d'un (01) à deux (02) ans, les parents, les responsables d'établissements scolaires ou toutes autres personnes qui violent le droit de l'enfant à l'éducation.

3.9 Les cas des enfants bouviers

Il s'agit des enfants des pauvres paysans du sud du Tchad qui sont souvent vendus ou donnés comme esclaves par leurs parents aux éleveurs, en vue de leur exploitation en qualité de gardiens des troupeaux des bœufs, de moutons et/ ou de chameaux.

Une fois mis à la disposition de leurs nouveaux maîtres, ces enfants travaillent exactement comme des esclaves, généralement sans repos, dans les zones très éloignées de leurs parents et où ils ne connaissent presque personne.

Le quotidien des enfants bouviers est généralement fait des violences verbales et psychologiques, de tortures et de privations de nourriture, de la part de leurs patrons éleveurs.

Ces enfants ne vont pas à l'école. Ils sont mal soignés lorsqu'ils tombent malades et sont souvent maltraités par leurs patrons éleveurs. En outre, malgré leur très jeune âge, les bouviers sont exposés durant leurs activités quotidiennes, aux intempéries de la nature et de la brousse qu'ils doivent affronter seuls, à savoir la pluie, le vent, les morsures de serpent, les attaques des bêtes sauvages et autres.

Dans la majorité des cas, certains enfants finissent par perdre leur identité parce qu'ils sont obligés de changer de nom, de religion, de se retrouver parfois dans les pays frontaliers, sans aucune possibilité, pour certains, de revoir leur famille. Certains enfants bouviers finissent même par mourir à cause des souffrances qu'ils subissent. Aussi, beaucoup de bouviers trouvent la mort au cours des conflits agriculteurs-éleveurs assez récurrents ces dernières années dans les régions méridionales du pays.

On trouve les enfants bouviers dans plusieurs régions au Sud du Tchad, notamment dans les provinces du Mandoul, du Moyen-Chari, des deux (02) Logones, du Mayo-Kebbi Ouest, etc. Les principales causes de cette forme d'esclavage ou d'exploitation des enfants d'un autre âge sont entre autres l'impunité des acteurs impliqués dans ce phénomène, et la pauvreté qui sévit de façon endémique dans les milieux ruraux au Tchad et qui poussent certains parents à vendre[119] leurs enfants aux éleveurs.

Le phénomène d'enfants bouviers constitue en réalité une forme d'esclavage des temps modernes, alors que la législation actuellement en vigueur au Tchad prescrit l'interdiction stricte de toute forme d'esclavage[120].

Il constitue un cas de violation grave de plusieurs droits de l'enfant par les parents et les éleveurs concernés, à savoir le droit de l'enfant à l'éducation, son droit à la santé, son droit à une protection contre le trafic, contre toutes les formes d'exploitation, son droit à la liberté de religion, à une protection contre toute atteinte à sa dignité, son droit à une protection de son identité, etc.

Ce phénomène assez répandu actuellement au Tchad semble avoir des beaux jours devant lui car, malgré son interdiction par la législation en vigueur, des poursuites judiciaires ne sont

---

[119] - Sur la définition de la vente d'enfant, voir article 2.a du Protocole Facultatif à la CDE concernant la vente, la prostitution d'enfants et la pornographie mettant en scène des enfants.

[120] - Voir Article 20 de la Constitution tchadienne ;

pratiquement jamais engagées contre les auteurs et complices présumés de cette forme d'esclavage d'enfants.

Quiconque (parents, éleveurs ou autres) est impliqué dans le recrutement et l'exploitation des enfants bouviers, sera puni d'un emprisonnement de quatre (04) à trente (30) ans et d'une amende pouvant aller jusqu'à 5 000 000 de FCFA[121].

3.10 Les cas des mariages d'enfants ou de mariages précoces et forcés

Le mariage d'enfant ou mariage précoce peut être défini comme étant « un mariage entre une personne adulte et un enfant, ou entre deux enfants »[122] avant l'âge de 18 ans.

Au Tchad, le mariage d'enfants constitue une pratique coutumière très répandue. Selon l'UNICEF, 68 % des femmes âgées de 20 à 24 ans au Tchad se sont mariées avant l'âge de 18 ans[123]. Le Tchad est ainsi après le Niger le pays au monde où le mariage d'enfants est le plus répandu[124].

Ainsi, pour des considérations d'ordre coutumier ou socio culturel et parfois pour des raisons liées à l'état de pauvreté[125] des parents, très nombreuses sont les familles au Tchad qui donnent leurs filles ou qui les obligent à se marier avant l'âge de 18 ans, parfois même entre 12 et 13 ans.

---

121 - Voir articles 7, 1. (et article 5) de l'ordonnance N°06/PR/2018 du 30 mars op.cit. ;

122 - Sur la définition du mariage d'enfants, voir **UNICEF** : manuel des documents d'appui à la formation sur les droits de l'enfant à l'Ecole Nationale de Formation Judiciaire de la république du Tchad, août 2015, P. 119 ;

123 - Voir **UNICEF** : manuel des documents d'appui, op.cit. p.119 et les régions de Salamat, Lac et Hadjer Lamis sont parmi les régions les plus touchées.

124 - Cf. Bureau International des Droits des Enfants et UNICEF (IBCR) : Cartographie et évaluation du Système de protection de l'enfant et de formation des forces de sécurité sur les droits de l'enfant au Tchad, Montréal (Québec), Mai 2014, p. 32 ;

125 - Les familles pauvres voient à travers le mariage de leurs filles et surtout de la dot de celles-ci, une stratégie économique pour subvenir à leurs besoins financiers et matériels.

Cette pratique viole plusieurs droits de l'enfant, notamment :

- Le droit à la liberté de la jeune fille au mariage : dans ce type de mariage, la jeune fille n'a aucune liberté pour choisir son mari parce qu'elle est forcée à se marier à un homme qu'elle n'aime généralement pas et qui est souvent plus âgés par rapport à elle. Aussi, elle n'a aucune liberté pour décider du moment de son mariage parce qu'elle est donnée en mariage quand les parents le décident ;
Ce genre de mariage est réputé conclu sans le consentement ou l'accord de la jeune fille. Il y a absence de son consentement non seulement à cause du caractère contraignant (ou forcé) dudit mariage, mais aussi en raison de la minorité de cette dernière qui ne peut justifier l'existence d'un discernement suffisant de sa part, en vue de conclure un mariage qui soit juridiquement valable. Le mariage précoce est de ce fait, souvent à l'origine de divorce et parfois même de suicide de la jeune fille ;
- Le droit à la santé de la jeune fille : dans beaucoup de cas, lorsque la jeune fille mariée tombe en grossesse de façon précoce, elle court le risque d'avoir des difficultés pour accoucher parce que son corps n'est pas encore suffisamment développé pour les grossesses et l'accouchement. Et après un accouchement difficile, elle peut être exposée à plusieurs maladies et surtout à la maladie appelée « fistule ».

En effet, une femme qui a la fistule ne peut pas retenir ses urines et va uriner tous les temps sur elle, même en marchant, sans le vouloir. Dans ces conditions, tout son corps peut sentir de l'urine et elle peut être ainsi rejetée par ses proches. Heureusement, cette maladie peut être soignée si la malade se rend très tôt à l'hôpital.

- Le droit à la vie de la jeune mariée et de son bébé : la jeune fille mariée ou son bébé peut parfois mourir à l'occasion ou suite à un accouchement difficile ou compliqué ;
- Le droit à l'éducation de la jeune fille : après le mariage précoce et dans la plupart des cas, la jeune fille scolarisée finit par abandonner l'école pour s'occuper de son foyer ;
- Etc.

Il convient de préciser ici que le mariage d'enfants est interdit au Tchad par la législation en vigueur[126].

L'article 2 de l'Ordonnance N° 006/PR/2015 du 14 mars 2015, portant interdiction de mariage d'enfants fixe en son article 2 l'âge minimum de mariage à 18 ans[127] et punit en son article 4, tous les auteurs ou complices des mariages d'enfant (à savoir les parents, maris ou autres personnes impliquées) d'une peine d'emprisonnement de cinq (05) à dix (10) ans et d'une amende de 500 000 FCFA à 5 000 000 FCFA[128].

3.11 L'excision des jeunes filles

Dans plusieurs coutumes au Tchad, des nombreux parents s'adonnent jusqu'aujourd'hui aux pratiques appelées *« excision » ou « Mutilation Génitale Féminine »* (MGF).

L'excision est appelée *« touhoura » en arabe tchadien ou « quitane »* en arabe littéraire, ou *« bagna* » en Sara.

---

126 - Cf. article 19 de la Constitution tchadienne du 04 mai 2018 révisée le 14 décembre 2020 ; article 9 de la loiN°06/PR/2002 du 15 avril 2002, portant promotion de la santé de reproduction et loi N°029/PR/2015 du 21 juillet 2015, portant ratification de l'Ordonnance N°006/PR/2015 du 14 mars 2015, portant interdiction des mariages d'enfants ;

127 - Cf. article 21.2 de la CADBE qui fixe également l'âge minimal requis pour le mariage à 18 ans ;

128 - Ces mêmes peines sont également prévues à l'article 368 du NCPT.

Très répandue au Tchad[129], cette pratique consiste à couper (généralement à l'aide des instruments traditionnels tels que les couteaux, les rasoirs ou autres) une partie du sexe de la jeune fille, pour des raisons non médicales, sinon pour des raisons purement coutumières.

Selon l'Enquête Démographique et de Santé 2014-2015, « dans les Régions du Guéra, du Mandoul, du Ouaddaï, du Salamat et de Sila, la quasi-totalité des femmes ont été excisées», soit au moins 82%.[130]

En outre, et dans le même ordre d'idées, 2 689 cas d'excision ont été recensés au Moyen-Chari par la Section régionale de la LTDH du Moyen Chari/Salamat, lors d'une enquête menée durant la période allant de juin à août 2015[131].

Les principales raisons pouvant justifier la pratique de l'excision au Tchad sont essentiellement d'ordre coutumier et culturel. Les personnes qui pratiquent l'excision soutiennent que celle-ci a pour but principal de préparer la jeune fille à devenir plus tard une bonne mère de famille et à demeurer plus fidèle à son futur mari dans le domaine des relations sexuelles. Car, semble-t-il, une femme excisée éprouve moins de désir sexuel qu'une femme non excisée.

En outre, les raisons d'ordre économique liées aux contreparties financières et/ou matérielles souvent perçues par les exciseuses

---

[129] - L'excision est certes très répandue au Tchad mais n'est pas pratiquée dans toutes les communautés, à l'exemple de la communauté Moundang dans le Mayo-Kebbi Est et Ouest.

[130] - Cf. Enquête Démographique et de Santé et à Indicateurs Multiples au Tchad (EDS-MICS) 2014- 2015, de l'INSEED, P.334.

[131] - Cf. Rapport complémentaire des organisations de la société civile tchadienne au Comité africain d'experts sur les droits et le bien-être de l'enfant, 2016, p.19 ;

à chaque cas d'excision, pourraient également militer en faveur de la poursuite au Tchad de cette pratique d'un autre âge.

En ce qui concerne ses inconvénients, l'excision contribue à faire souffrir inutilement les jeunes filles excisées et à pouvoir leur transmettre des maladies transmissibles telles que le VIH-SIDA, les hépatites B et C, ou autres, au cas où les mêmes instruments sont utilisés pour plusieurs personnes, sans une stérilisation adéquate préalable. Aussi, l'excision peut parfois occasionner même le décès des filles qui en sont victimes, suite à l'hémorragie qu'elle entraîne le plus souvent.

Il s'agit en réalité d'une pratique traditionnelle contraire à la dignité humaine qui viole le droit des jeunes filles excisées à la protection de leur intégrité physique. Car l'excision constitue une forme de torture ou de violence, et surtout de traitements cruels, inhumains et dégradants, à l'égard des filles qui en sont victimes. Elle constitue également une violation du droit à la santé des filles excisées, et même dans certains cas, une violation de leur droit à la vie (en cas de la survenance de décès lié à l'excision), etc.

Toutes les personnes qui continuent à pratiquer l'excision doivent comprendre qu'il s'agit d'une pratique strictement interdite[132] et sanctionnée par la loi. Les auteurs et complices de l'excision s'exposent donc à des sanctions pénales prévues par la loi, c'est-à-dire à une peine d'emprisonnement pouvant aller jusqu'à dix (10) ans, et à une amende pouvant aller jusqu'à 500 000 francs, selon les circonstances[133].

---

[132] - Voir article 19 de la Constitution tchadienne du 04 mai 2018 révisée le 14 décembre 2020 et article 9, al 2 de la Loi N°006/PR/2002 du 15 avril 2002, portant promotion de la santé de reproduction ;

[133] - Voir article 318 du NCPT.

3.12 Les cas des enfants soldats ou enfants associés aux forces ou groupes armés

Un enfant soldat désigne tout être humain âgé de moins de 18 ans, recruté par une armée nationale[134] ou un groupe armé non étatique[135], et participant directement ou indirectement à un conflit armé. Ce terme peut désigner également tout enfant, fille ou garçon, qui est associé à un groupe ou une force armée, même de manière temporaire ou informelle, et quel que soit son rôle au sein de ces forces ou groupes armés. Il peut s'agir par exemple de tout enfant recruté au sein des forces ou groupes armés, soit en tant que combattant, soit en tant que cuisinier, poseur des bombes, gardien, espion, messager, garde du corps, esclave sexuel[136] ou autres ;

Au regard de qui précède, un enfant soldat ne porte pas nécessairement un uniforme ou une arme et ne participe pas forcément de façon directe aux conflits armés.

Le recrutement des enfants comme soldats peut présenter pour les groupes des recruteurs quelques avantages suivants : les enfants ont plus d'énergie et résistent plus que les personnes âgées. Et à cause de leur immaturité morale, ils sont facilement instrumentalisés en machines de guerre, obéissant en toutes circonstances, ne reculant devant aucun obstacle, etc.

Quant aux raisons pour lesquelles les enfants s'engagent plus facilement dans les rangs des forces et groupes armés, elles sont multiples à savoir : le manque d'occupation ou de scolarisation de certains enfants, la discrimination dont sont victimes certains

---

[134] -Aux termes de l'article 196 de la Constitution tchadienne du 04 mai 2018 révisée le 14 décembre 2020, les forces nationales de sécurité sont (principalement) l'armée nationale, la gendarmerie nationale, la garde nationale et nomade, la police nationale et le corps de la police judiciaire ;

[135] - Les groupes armés dont il peut être question ici sont par exemple entre autres, des groupes rebelles, des groupes terroristes, des milices, etc.

[136] - Sur la définition de l'enfant soldat, voir www.humanium.org/fr/

enfants, à l'exemple des enfants de la rue, et surtout la pauvreté de certains parents dont les enfants voient à travers l'opportunité de devenir soldats, un excellent moyen de se prendre en charge, etc.

Aussi, l'engagement de certains enfants au sein des forces et groupes armés peut-il parfois se justifier par leur adhésion à une idéologie ou leur appartenance à une communauté quelconque, ou même, par un simple esprit de vengeance de leur part.

Dans tous les cas, le phénomène des enfants soldats viole plusieurs droits de l'enfant. Ces enfants qui sont arrachés très tôt à leur famille ne vont pas à l'école. Plus grave encore, ils sont éduqués à la culture de la violence parce qu'on leur apprend à tuer et à faire du mal à tous ceux qu'ils rencontrent sur leur passage. Beaucoup d'entre eux fument de la drogue et trouvent la mort pendant les combats.

Or, normalement, la place des enfants doit être plutôt dans les familles et à l'école mais pas dans l'armée, ni parmi les forces ou groupes armés.

Au Tchad, la loi fixe l'âge de recrutement des soldats, élèves gendarmes et gardes nomades à dix-huit (18) ans révolus[137]. Elle interdit strictement toute participation des enfants dans les conflits armés, parce que le travail de soldat ou de militaire est très dangereux pour être exécuté par des enfants.

Les auteurs et complices d'enrôlement d'enfants soldats ou de leur utilisation dans les conflits armés sont punis d'un

---

[137] - Voir article 3, point 4 de la Directive présidentielle N°008/PR/EMP/2013 du 10 octobre 2013, portant respect des conditions de l'âge de recrutement au sein de l'armée nationale Tchadienne.

emprisonnement de cinq (5) à dix (10) ans et d'une amende de 1 000 000 à 10 000 000 de francs. [138].
Heureusement, en ce qui concerne le Tchad et selon les informations officielles, il n'existe plus d'enfants soldats dans l'Armée Nationale depuis juillet 2014[139] jusqu'à nos jours. Il n'en est certainement pas de même en ce qui concerne les groupes armés tels que les groupes rebelles, terroristes ou autres qui continuent d'utiliser les services des enfants dans leurs rangs.

Par ailleurs, il convient de préciser ici que dans les pays concernés par la problématique des enfants soldats, l'UNICEF s'attelle le plus souvent au retrait, à la démobilisation et à la réinsertion de ces enfants, afin de faciliter leur retour à la vie civile.

3.13 La discrimination à l'égard de la petite fille

En principe, tous les enfants sans aucune distinction doivent être traités sur un pied d'égalité et bénéficier des mêmes chances, quelles que soient les circonstances.

Or, dans certaines coutumes au Tchad, certains parents ne traitent pas les filles et les garçons sur un pied d'égalité, mais accordent plus de priorités aux garçons, au détriment des filles, notamment en matière d'éducation, d'héritage, et autres.

En matière d'éducation par exemple, certains parents préfèrent inscrire à l'école uniquement les garçons en laissant les filles à la maison. Ces parents soutiennent à tort et pour des raisons d'ordre socioculturel que la place de fille doit être au foyer et non à l'école ou dans les bureaux. Par conséquent, la meilleure

---

[138] - Sur les sanctions pénales des auteurs et complices d'enrôlement des enfants dans les forces ou groupes armés, voir article 370 du NCPT ;
[139] - Cf. Rapport annuel du Secrétaire Général (de l'ONU) sur les enfants et les conflits armés… dans 23 situations de conflit, op.cit.

éducation pour les filles selon eux, doit être celle qui les prépare à devenir des bonnes ménagères, c'est-à-dire des bonnes femmes au foyer ou des bonnes mères d'enfants.

Et même certaines filles qui sont inscrites à l'école ont peu de chance de poursuivre plus loin leurs études, par rapport aux garçons, parce que beaucoup d'entre elles sont victimes des mariages précoces, c'est-à-dire qu'elles sont souvent données très tôt en mariage, avant l'âge de dix-huit (18) ans.

Cette discrimination à l'égard des filles en matière d'éducation se traduit très souvent par un faible taux de scolarisation ou un fort taux de déscolarisation de ces dernières.

De même, en matière d'héritage ou de succession dans certaines communautés ou coutumes, les parts successorales des garçons sont largement au-dessus de celles des filles, représentant parfois même le double de celles de ces dernières.

Toutes ces pratiques d'origine traditionnelle ou coutumière et bien d'autres encore constituent des cas de violation grave du droit des enfants à l'égalité ou à la non-discrimination consacré dans les articles 13 et 14 de la Constitution tchadienne du 4 mai 2018 révisée le 14 décembre 2020. À ce titre, elles doivent être combattues par tous les moyens et sous toutes leurs formes.

3.14 Les cas des enfants mouhadjirines

Les enfants mouhadjirines sont des enfants inscrits dans les écoles coraniques par leurs parents, pour apprendre le Coran. Ce sont les élèves coraniques appelés « talibés » en Afrique de l'Ouest.

En contrepartie de cet apprentissage, les parents paient aux centres de formation ou aux maîtres coraniques, des frais d'inscription et/ou de scolarité dont le montant varie, d'une école à une autre.

Certains mouhadjirines dorment dans leurs centres de formation respectifs alors que d'autres viennent apprendre le Coran et repartent dormir chez leurs parents.

En effet, l'apprentissage du Coran aux enfants vise à les éduquer ou à les préparer pour devenir plus tard des bons musulmans, c'est-à-dire des adultes responsables et très utiles pour la société. Ce type d'apprentissage vise à garantir aux mouhadjirines la jouissance pleine et entière de leur droit à une éducation religieuse.

Mais ce qui n'est pas bon dans certaines écoles coraniques, c'est que certains marabouts ou maîtres coraniques maltraitent et exploitent exagérément leurs élèves.

Selon les informations que nous avions personnellement recueillies auprès de quelques mouhadjirines courant mai-juin 2018 à N'Djamena, il nous a été donné de constater que la plupart des mouhadjirines apprennent le Coran à très bas âge mais dans des conditions très difficiles.

Certains maîtres coraniques ont souvent recours, de façon exagérée aux coups de fouet pour discipliner leurs élèves durant les séances d'apprentissage. Il s'agit ici d'une forme de torture et de maltraitance d'enfants interdite par la loi.

Très nombreux sont les mouhadjirines qui doivent eux-mêmes se prendre en charge pour leurs besoins alimentaires, en transportant des bagages et marchandises dans les marchés, ou en réalisant de petits travaux de façon ponctuelle. Il y en a qui vivent dans la rue durant leur formation et qui sont souvent confondus aux enfants de la rue.

Ces mouhadjirines mangent tout ce qu'ils trouvent par terre, et se livrent à la mendicité, c'est-à-dire qu'ils demandent de la nourriture ou de l'argent à toutes les personnes qu'ils rencontrent, pour pouvoir survivre.

Plus grave encore, certains maîtres d'école coranique obligent leurs élèves à leur apporter chaque jour de l'argent dont le montant varie d'un enfant à une autre. Ceux qui n'apportent rien en fin de journée sont soumis à un châtiment corporel de la part de leurs maîtres. Par crainte de ce châtiment, certains mouhadjirines sont obligés de voler afin d'avoir le montant d'argent qu'ils doivent donner à chaque fin de journée à leur maître. Cette pratique interdite par la loi constitue une forme d'exploitation économique et d'exploitation des enfants par la mendicité.

Dans la plupart des cas, les mohadjirines ne bénéficient pas des soins de santé appropriés quand ils tombent malades et ne sont pas correctement pris en charge en ce qui concerne leur alimentation quotidienne.

Très souvent, ils ne jouissent pas non plus de leur droit à l'éducation dans les écoles officielles laïques, c'est-à-dire qu'ils ne sont généralement pas inscrits en parallèle dans le système éducatif de l'État.

Même si cette forme d'éducation exagérément rigoureuse peut avoir l'avantage de préparer les enfants concernés à l'endurance face aux difficultés éventuelles de la vie future d'adulte, le phénomène des enfants mouhadjirines constitue à n'en point douter un cas de violation grave des droits de l'enfant. Ce phénomène viole respectivement le droit de l'enfant à l'éducation dans le système scolaire public, le droit de l'enfant à la protection contre toute forme de violence ou de mauvais traitement, le droit de l'enfant à la protection contre toute forme d'exploitation, etc.

Les personnes responsables des mouhadjirines, les responsables et enseignants des écoles coraniques doivent avoir constamment à l'esprit que toutes les formes de maltraitance et d'exploitation des enfants sont strictement interdites par la loi. Par conséquent, chacun en ce qui le concerne doit s'employer à garantir aux mouhadjirines les meilleures conditions d'apprentissage du coran, tout en leur garantissant une meilleure jouissance de l'ensemble de leurs droits fondamentaux.

Quiconque commet une infraction d'exploitation d'un enfant par la mendicité est puni d'une peine de 10 à 20 ans d'emprisonnement et d'une amende pouvant aller jusqu'à 2 000 000 FCFA[140].

3.15 Les enfants victimes de l'exploitation économique[141]

L'exploitation économique des enfants désigne toutes les formes de travail forcé ou abusif des enfants.

En effet, à cause de la situation économique assez difficile de notre pays ces dernières années, nombreuses sont les familles tchadiennes qui font travailler des enfants et nombreux sont également des enfants qui s'adonnent de leur propre initiative, à des activités économiques.

On distingue donc d'une part des enfants travaillant pour leur propre compte comme des petits commerçants, vendeurs ambulants, des gardiens et laveurs des motos ou autres, et

---

[140] - Cf. article 22 de l'ordonnance N°06/PR/2018 du 30 mars 2018, portant lutte contre la traite des personnes en République du Tchad ;

[141] - Sur le travail des enfants, voir la Convention N°182 de 1999 de l'Organisation Internationale du Travail (OIT), l'une des principales normes internationales de référence en la matière ;

d'autre part, ceux travaillant pour le compte de leurs tuteurs, de leurs patrons, ou employeurs.

Dans tous les cas, le travail des enfants a l'avantage majeur de permettre à ceux-ci de se prendre en charge et/ou d'aider leurs parents à subvenir à une partie de leurs besoins matériels et financiers.

Ce sont surtout les enfants travaillant pour le compte des autres qui sont le plus exploités[142], tels que les enfants bouviers, les enfants « mahadjirines », les enfants qui travaillent dans les maisons, dans les bars et alimentations, dans les marchés comme vendeurs ou transporteurs des marchandises, etc.

Le plus souvent, ces enfants exécutent des tâches plus difficiles[143] par rapport à leur jeune âge et travaillent dans des conditions également plus difficiles, c'est-à-dire qu'ils travaillent habituellement durant des longues heures, sans repos, parfois sans salaire ou pour un salaire dérisoire, sans une bonne prise en charge alimentaire et médicale, sans aucune possibilité d'être scolarisés, en prenant assez de risques par rapport leur santé physique ou mentale, etc.

En outre, ces enfants sont le plus souvent maltraités ou frappés comme des esclaves par leurs tuteurs, leurs patrons ou employeurs.

Toutes ces pratiques constituent une nouvelle forme d'esclavage et violent respectivement les droits de l'enfant à l'éducation, à

---

[142] -Les groupes d'enfants victimes d'exploitation économique les plus vulnérables au Tchad sont entre autres les travailleurs domestiques, les bouviers et les mouhadjirines ;

[143] - Selon l'UNICEF, les enfants travaillant dans les conditions dangereuses sont ceux qui, dans le cadre de leur travail, portent des charges lourdes, manipulent des outils dangereux ou font fonctionner des grosses machines, ou sont exposés à des explosifs, à la fumée, au gaz, etc. (EDS- MICS 2014- 2015, P. 390).

une protection de sa dignité et à une protection contre toutes les formes d'exploitation économique, etc.

Toutes les formes d'exploitation économique d'enfants sont strictement interdites par les législations en vigueur[144]. Quiconque commet l'infraction de travail forcé d'enfants encourt une peine de vingt (20) à trente (30) ans d'emprisonnement et d'une amende pouvant aller jusqu'à 2 000 000 de FCFA[145].

3.16 Les enfants victimes de l'exploitation sexuelle

L'exploitation sexuelle des enfants désigne toute pratique visant à exploiter sexuellement un enfant dans le but de procurer pour l'exploitant, un plaisir personnel ou un profit quelconque ou une rémunération pécuniaire.

Cette expression renvoie concrètement à toutes les formes d'exploitation sexuelle des mineurs à des fins commerciales, et principalement, à travers la prostitution infantile et la pornographie mettant en scène des enfants.

Concernant par exemple la prostitution d'enfants, elle désigne toute pratique consistant à *« utiliser un enfant aux fins d'activités sexuelles contre rémunération ou toute autre forme d'avantage »*[146].

Au Tchad, les victimes de la prostitution infantile sont essentiellement des filles. Cette pratique contraire à nos mœurs

---

144 - Cf. paragraphe 3 du préambule du Protocole facultatif à la CDE concernant la vente d'enfants et article 19 de la Constitution tchadienne du 04 mai 2018 révisée le 14 décembre 2020 ;

145 - Cf. article 23 de l'Ordonnance N°006/PR/2018 du 30 mars 2018, portant lutte contre la traite des personnes au Tchad.

146 - Sur la définition de la prostitution des enfants, voir article 362, alinéa 1er du NCPT et article 2, b. du Protocole Facultatif à la CDE concernant la vente d'enfants, la prostitution d'enfants, ... op.cit. ou voir « Annexe N°3 Explication des termes clés », infra ;

et coutumes prend de nos jours de plus en plus d'ampleur dans plusieurs villes du pays, à travers des réseaux ou des centres de prostitution bien connus, comme le lieu appelé ***« marché MOKOLO »*** à Moursal dans le 6ème Arrondissement de la ville de N'Djaména ou autres.

Quant à la pornographie mettant en scène des enfants, elle désigne *« toute représentation, par quelque moyen que ce soit, d'un enfant s'adonnant à des activités sexuelles explicites, réelles ou simulées ou toute représentation des organes sexuels d'un enfant, dont la caractéristique dominante est d'être réalisée à des fins sexuelles »*[147].

Les auteurs ou complices d'exploitation sexuelle des enfants sont pour la plupart des adultes qui profitent injustement du déséquilibre de pouvoir entre eux et ces enfants qu'ils exploitent sexuellement.

Les causes de l'exploitation sexuelle des enfants, qu'il s'agisse de la prostitution infantile ou de la pornographie mettant en scène des enfants, sont assez nombreuses et variées. Ces causes sont par exemple : la pauvreté ou l'irresponsabilité de certains parents qui refusent de s'occuper de leurs enfants, les crises humanitaires (et principalement les conflits armés ou les catastrophes naturelles) qui aggravent la vulnérabilité des enfants, le développement des nouvelles technologies de l'information et de la communication (NTIC) qui favorise également le développement de l'industrie du sexe ainsi que des réseaux transfrontaliers des exploitants sexuels, mais également la faiblesse de l'État en matière de sanction des auteurs de ce phénomène, etc.

---

[147] - Sur la définition de la pornographie mettant en scène des enfants, voir article 362, alinéa 1er du NCPT et article 2, c. du Protocole Facultatif à la CDE concernant la vente d'enfants, la prostitution d'enfants, ... op.cit.

Il s'agit des cas de violation grave des droits de l'enfant, car cette pratique remet en cause la dignité de l'enfant qui est considéré comme un objet sexuel. En plus, elle expose les enfants concernés à des traumatismes physiques et psychiques, aux grossesses prématurées et non désirées, aux violences de toutes sortes, à la drogue, à l'alcoolisme, aux maladies sexuellement transmissibles comme le SIDA ou autres, et même à la mort.

Aux termes de l'article 34 de la CDE, l'État doit protéger l'enfant contre la violence et l'exploitation sexuelles, y compris la prostitution et la participation à toute production pornographique.

Et en application de la législation en vigueur au Tchad, les auteurs et complices de la prostitution infantile et/ou de la pornographie impliquant des enfants sont punis des peines pénales[148] plus sévères, pouvant aller selon les cas, jusqu'à trente (30) ans d'emprisonnement ferme et 2 000 000 de FCFA d'amende.

3.17 Les cas de viol et autres violences sexuelles à l'égard de l'enfant

Les violences sexuelles à l'égard des mineurs désignent tout acte sexuel ou toute tentative d'acte sexuel commise sous la menace ou la contrainte sur la personne des mineurs.

Quant au viol, il est une forme d'abus ou de violence sexuelle défini à l'article 349, alinéa 1er du nouveau Code pénal tchadien comme étant « tout acte de pénétration sexuelle, de quelque

[148] - Sur les peines pénales de la prostitution infantile et la pornographie impliquant des enfants, voir articles 359 alinéa 1er, article 362 à 364 du NCPT, et article 22 de l'ordonnance N°006/PR/2018 du 30 mars 2018, portant lutte contre la traite des personnes au Tchad ;

nature qu'il soit, commis sur la personne d'autrui par violence, contrainte ou surprise ».

Les cas de viol en général et ceux des mineurs en particulier[149], sont souvent rencontrés au Tchad, surtout ces dernières années. Les régions les plus touchées par le phénomène de viol d'enfants, selon les dénonciations assez récurrentes des ADH, sont celles de la Tandjilé, du Mandoul, la Ville de N'Djaména et bien d'autres encore.

Parmi les victimes de viol et autres violences sexuelles au Tchad, il y a un nombre important des filles à très bas âge, c'est-à-dire des fillettes de moins de dix (10) ou de quinze (15) ans.

Quant aux auteurs et complices de ces actes criminels à l'égard des mineurs, ce sont le plus souvent des adultes qui possèdent une certaine autorité sur leurs victimes, parce que très proches de celles-ci. Il peut s'agir par exemple des membres de leurs familles, de leurs enseignants, ou des membres de l'autorité publique tels que les gardiens des établissements pénitentiaires, etc.

Ces personnes sans scrupule profitent intentionnellement de la vulnérabilité de ces mineurs, pour satisfaire leurs besoins sexuels ou des exigences d'intimité d'ordre sexuel avec eux, tout en sachant que ceux-ci sont faciles à maîtriser.

Quant aux conséquences des tels actes à l'égard des mineurs, elles sont nombreuses et assez graves.

---

149 - Dans son rapport alternatif 2007 (page 18), Droits de l'Homme Sans Frontières, une ONG de défense des droits de l'homme au Tchad a dénoncé un cas de viol à N'Djamena d'une mineure de 9 ans par un gendarme. Il s'agissait d'une mineure égarée qui avait été conduite à une brigade de gendarmerie dans la vile de N'Djamena. Et c'est le gendarme à qui était confiée cette mineure en vue de retrouver le domicile de ses parents, qui l'avait finalement violée.

Ainsi, le viol et autres formes de violences sexuelles constituent des pratiques criminelles qui entraînent des souffrances intolérables aux enfants qui en sont victimes.

Un enfant qui a été victime de viol ou qui a connu un cas de violence sexuelle va en être traumatisé, c'est-à-dire qu'il va en garder les mauvais souvenirs durant toute sa vie.

En outre, ces actes criminels font courir à leurs victimes le risque de grossesse prématurée non désirée, les risques d'être contaminées par des maladies sexuellement transmissibles telles que le SIDA, les hépatiques B, C ou autres, pouvant entraîner même la mort (de ces dernières).

Ces pratiques constituent des cas de violation de plusieurs droits fondamentaux de l'enfant, à savoir le droit à la protection de sa dignité et de son intégrité physique, le droit de l'enfant à une protection contre la torture, contre les violences et les mauvais traitements, le droit de l'enfant à la santé, ou autres.

Au Tchad, la plupart des cas de violence sexuelle à l'égard des mineurs ne sont généralement pas signalés du fait de tabous culturels et de la peur des victimes d'être stigmatisées par leur propre communauté. Ce refus de déclaration des cas de viol et violences sexuelles a pour conséquence immédiate l'impunité des auteurs et complices de ces actes inhumains et dégradants.

Ainsi donc, tout le monde (y compris les enfants eux-mêmes) est encouragé à dénoncer systématiquement tous les cas de viol et autres violences sexuelles à l'égard des mineurs dont il a connaissance, au commissariat de police ou à la brigade de gendarmerie la plus proche ou auprès du procureur de la République, afin que justice soit rendue aux victimes.

Le viol est une infraction qualifiée de « crime » et puni par le Code pénal d'une peine d'emprisonnement de huit (08) à quinze (15) ans, voire vingt (20) ans[150]. Le viol ou la tentative de viol des enfants est considéré comme étant encore plus grave et sanctionné plus sévèrement par la loi, c'est-à-dire par le Code pénal.

3.18 Les cas des tortures[151] et de maltraitance à l'égard des enfants

Malgré son interdiction par la loi, la violence ou la maltraitance à l'égard des enfants est plus fréquente dans notre pays.

Ainsi, on rencontre souvent des cas de violences ou des tortures à l'égard des enfants, respectivement au sein des familles, dans les établissements scolaires y compris les écoles coraniques, dans les lieux de détention pour mineurs, dans la rue, etc.

La maltraitance d'enfants peut prendre plusieurs formes, à savoir :

- **Les violences psychologiques :** celles conduisant à l'humiliation de l'enfant telles que les menaces verbales, les injures, les séquestrations, la privation alimentaire, une exécution forcée des tâches dégradantes par l'enfant, etc.
- **Les violences physiques[152] :** Ce sont l'ensemble des actes brutaux commis de façon volontaire et portant atteinte à l'intégrité physique de l'enfant tels que les châtiments corporels, les brûlures, les gifles, le ligotage des enfants, etc.
- **Les sévices sexuels :** à l'exemple de viol, de l'inceste, de l'attentat à la pudeur d'un enfant, etc.

---

[150] - Cf. articles 349 et 350 du NCPT.

[151] - La torture est définie à l'article 323, a. du NCPT comme étant « tout acte par lequel une douleur ou des souffrances aigues, physiques, mentales ou morales, sont intentionnellement infligées à une personne… »

[152]- Pour des considérations socio culturelles ou d'ordre coutumier, les châtiments corporels à l'égard des enfants sont considérés au sein des nombreuses familles tchadiennes comme des mesures disciplinaires normales.

- **Les négligences :** Il s'agit par exemple du rejet, du manque d'affection, de soins ou de protection à l'égard d'un enfant, etc.

Dans la plupart des cas et à cause de leur naïveté, les enfants victimes des mauvais traitements se sentent coupables d'avoir mal agi vis-à-vis des personnes qui les maltraitent. Ils considèrent ces violences comme une punition normale qu'ils méritent et ont généralement tendance à dissimuler leurs souffrances.

Ces mauvais traitements peuvent avoir des graves conséquences sur la santé physique et mentale des enfants qui en sont victimes. Et ces enfants à leur tour auront tendance à devenir eux-mêmes aussi violents et négligents, à l'égard des autres.

Ces enfants sont considérés comme des enfants en danger physique, moral et psychologique. Toutes les formes de violence contre les enfants constituent une négation de la dignité de ces derniers.

Il s'agit des cas de violation grave des droits de l'enfant, notamment son droit à la protection contre les mauvais traitements, les tortures physiques, morales, contre des traitements cruels, inhumains et dégradants[153] ou le droit à la protection de sa dignité ainsi que le droit à l'intégrité physique et morale de l'enfant.

Les enfants victimes des violences peuvent saisir le procureur de la République, ou la brigade de gendarmerie ou le commissariat de police le plus proche, les agents sociaux des centres sociaux,

[153] Cf. article 18 de la Constitution tchadienne de 1996 et article 19 de la Constitution tchadienne du 04 mai 2018 révisée le 14 décembre 2020 ;

les avocats ou les associations de défense des droits de l'homme, afin d'avoir de l'aide ou une assistance appropriée.

Quiconque se rend coupable d'une infraction de torture est punie par l'article 323 du NCPT, en fonction des circonstances, d'une peine d'emprisonnement de deux (02) à trente (30) ans et d'une amende pouvant aller jusqu'à 1 000 000 de FCFA.

3.19 Le trafic et la traite d'enfants

La traite des enfants désigne « le recrutement, le transport, le transfert, l'hébergement ou l'accueil d'un enfant aux fins d'exploitation », à l'intérieur ou à l'extérieur d'un pays donné[154].

Quant au trafic des enfants, il constitue une forme de traite des êtres humains.

Pour le recrutement des enfants à des fins d'exploitation, les trafiquants ont souvent recours, selon les cas, à plusieurs méthodes, allant de l'enlèvement forcé à l'obtention du consentement de l'enfant et/ou de ses parents.

Les enfants victimes de la traite ou de trafic peuvent être exploités comme enfants bouviers, travailleurs domestiques, travailleurs agricoles, enfants soldats, « travailleurs commerciaux », esclaves sexuels, etc.

Au Tchad, on assiste ce dernier temps à des nombreux cas des trafics et de traite d'enfants.

Ainsi, on rencontre par exemple fréquemment des situations où des enfants des paysans de la zone méridionale du pays qui sont

---

[154] - Sur la définition de la traite des personnes et la traite d'enfants, voir article 3, b. du Protocole Additionnel à la Convention des Nations Unies contre la Criminalité Transnationale Organisée, visant à prévenir, réprimer et punir la traite des personnes, en particulier des femmes et des enfants *2000 ; et article 5 de l'ordonnance N°006/PR/2018 du 30 mars 2018, portant lutte contre la traite des personnes en République du Tchad.*

donnés ou confiés à d'autres parents vivant dans les centres urbains, dans le but d'assurer leur éducation scolaire.

Mais dans beaucoup des cas, ces enfants une fois arrivés en villes, sont exploités comme des esclaves par leurs tuteurs, dans les travaux domestiques ou des activités commerciales ou autres.

Dans certains cas, des enfants sont « vendus »[155] comme des marchandises par leurs propres parents (pour des raisons liées généralement à leur état de pauvreté), à des personnes souvent inconnues, en vue de leur exploitation sur le plan économique (c'est-à-dire dans des activités domestiques, agricoles, commerciales ou autres).

Il y a parfois aussi des enfants des régions du sud du pays qui sont kidnappés à l'insu des parents ou qui sont trompés par des inconnus pour être déportés dans les régions septentrionales du pays, en vue de garder les chameaux ou de s'occuper des travaux domestiques.

La traite ou le trafic d'enfants est une activité illicite qui expose les victimes à la maltraitance de toute sorte, à la violence, à l'exploitation sexuelle et économique, ou autres traitements inhumains et dégradants. La traite des personnes est qualifiée de crime par l'article 6, alinéa 1er de l'Ordonnance N°006/PR/2018 du 30 mars 2018, portant lutte contre la traite des personnes.

Il s'agit d'une violation grave des droits fondamentaux de l'enfant, notamment le droit au respect de la dignité de l'enfant, le droit de l'enfant à une protection contre toute forme d'exploitation, de maltraitance, de traite, d'esclavage, de travaux

---

155 - Aux termes de l'article 2, a. du Protocole facultatif à la CDE concernant la vente d'enfants, la vente d'enfants désigne « tout acte ou toute transaction faisant intervenir le transfert d'un enfant de toute personne ou de tout groupe de personnes à une autre personne ou un autre groupe contre rémunération ou tout autre avantage » ;

forcés et de trafic[156], le droit de l'enfant de grandir dans un cadre familial et d'avoir accès à l'éducation, etc.

Aux termes de l'article 35 de la CDE, tout enlèvement, toute vente ou toute forme de traite d'enfants à quelque fin que ce soit, est interdit.
Par conséquent, L'État a l'obligation de *« prévenir et de combattre la traite des personnes, en accordant une attention particulière aux femmes et aux enfants »*[157].

Quiconque commet une infraction de traite à l'égard d'un enfant est puni d'un emprisonnement de quatre (04) à trente (30) ans et d'une amende de 250 000 à 5 000 000 de FCFA[158]. « Est puni d'un emprisonnement à vie, quiconque commet l'infraction de traite de personne ayant entraîné la mort de la victime »[159].

3.20 Le phénomène d'enlèvements d'enfants contre rançons

On assiste ces dernières années dans plusieurs localités au Sud du Tchad (comme dans le Mayo-Kebbi Ouest et Est) à des cas d'enlèvement d'enfants contre rançons. Il s'agit des situations dans lesquelles des bandits armés enlèvent des enfants, les cachent en brousse et exigent beaucoup d'argent à leurs parents avant de les libérer. Pendant que les enfants sont avec eux, ces bandits peuvent les torturer et parfois même les tuer si les parents n'apportent pas l'argent qu'ils réclament pour leur libération.

---

156 - Voir article 35 de la CDE, article 2 de la Constitution tchadienne de1996, articles 19 et 21 de la Constitution tchadienne de 2018.

157 - Cf. article 2, a. du Protocole Additionnel à la Convention des Nations Unies contre la Criminalité Transnationale Organisée, op.cit. ;

158 - Cf. article 7 de l'ordonnance N°006/PR/2018 du 30 mars 2018, portant lutte contre la traite des personnes au Tchad ;

159 - Cf. article 08 de l'ordonnance N°006/PR/2018 du 30 mars 2018, op.cit., et l'article 11 de cette même ordonnance d'ajouter que « toute condamnation de traite de personne emporte interdiction de tout ou partie de l'exercice des droits civiques, civils et de famille… »;

Dans tous les cas, des telles pratiques traumatisent gravement les enfants au point qu'ils en garderont pour toujours les mauvais souvenirs.

Il s'agit aussi d'un cas de violation grave des droits de l'enfant, notamment le droit de l'enfant à une protection contre toute forme de maltraitance.

Les auteurs et complices d'enlèvement ou de détournement des mineurs s'exposent à des sanctions pénales pouvant aller jusqu'à trente (30) ans d'emprisonnement et/ou 400 000 francs CFA d'amende[160].

[160] - Sur les sanctions pénales des cas d'enlèvement ou de détournement d'enfants, voir articles 371, 373 et 384 du NCPT.

CHAPITRE IV : Quelles sont les différentes institutions ou organisations chargées de la promotion et de la protection des droits de l'enfant au Tchad ?

Il existe au Tchad plusieurs institutions et organisations chargées de la promotion et de la protection des enfants ou des droits de l'enfant. On peut distinguer parmi celles-ci les institutions nationales d'une part, et les institutions internationales de promotion et de protection des droits de l'enfant, d'autre part.

4.1 Les institutions nationales de promotion et de protection des droits de l'enfant

Il s'agit principalement des services judiciaires et pénitentiaires (i) ainsi que d'autres services et institutions nationales de protection ou de promotion des droits de l'enfant (ii).

4.1.1 Les services judiciaires et pénitentiaires

Les services judiciaires ont pour missions principales de protéger les droits de l'homme y compris les droits de l'enfant, à travers des poursuites et des condamnations des auteurs et complices de violation de ces droits.

Ces différents services peuvent être regroupés à travers respectivement des services de police judiciaire (i), de l'ensemble des juridictions compétentes en charge de la protection des droits de l'enfant (ii) et des établissements pénitentiaires (iii).

4.1.1.1 Les services de police judiciaire

La police judiciaire est un corps ou un service spécialisé de la police qui est chargée *« de constater les infractions à la loi*

pénale, d'en rassembler les preuves, et d'en rechercher les auteurs tant qu'une information n'est pas ouverte »[161]. Elle reçoit les plaintes et dénonciations, et est également chargée d'exécuter les instructions des magistrats du parquet et des magistrats du siège (juge d'instruction ou juge pour enfants), au cas où ceux-ci sont déjà saisis d'une infraction quelconque.
Les activités de la police judiciaire sont dirigées et coordonnées par le procureur de la République[162], sous le contrôle du procureur général près la Cour d'appel[163].

Le corps de la police judiciaire qui était longtemps placé sous la tutelle conjointe du Ministère en charge de la sécurité et de celui en charge de la Justice, est désormais placé sous l'autorité exclusive du Ministère en charge de la justice[164].

Ce corps est composé d'officiers et d'agents de police judiciaire, issus de la Police Nationale (i) et de la Gendarmerie Nationale (ii) ainsi que d'autres services et agents investis des missions de police judiciaire (iii).

4.1.1.1.1 La police nationale

La Police Nationale a pour mission de veiller à la sécurité de l'État, d'assurer le maintien et le rétablissement de l'ordre public, de veiller à la sécurité et à la protection tant des personnes que des biens[165].

---

[161] - Cf. article 237 du Nouveau Code de Procédure pénale (NCPPT) et article 4 de l'Ordonnance N°18/PR/2018 du 07 juin 2018, portant attributions, organisation et fonctionnement du corps de la police judiciaire ;

[162] - Cf. article 238 du NCPPT ;

[163] - Cf. article 239 du NCPPT ;

[164] - Cf. article 210 de la Constitution du 04 mai 2018 révisée le 14 décembre 2020 et article 1er de l'Ordonnance N°018/PR/2018 du 07 juin 2018, portant attribuions, organisation et fonctionnement de la police judiciaire ;

[165] - Sur la mission de la Police Nationale, voir article 204 de la Constitution tchadienne du 04 mai 2018, op.cit. ;

Dans la structure de la Police Nationale, il existe une Direction de la Police Judiciaire[166] rattachée à la Direction Générale de la Police Nationale.
Au sein de la Direction de la Police Judiciaire, il y a une sous-direction des Affaires Criminelles qui coordonne les activités des différentes Brigades spécialisées de la Police[167], des Divisions Régionales de la Police judiciaire ainsi que celles de la Coordination des Sections de Police Judiciaire pour la ville de N'Djamena.

En ce qui concerne le service de police spécialisé dans la protection des mineurs, il est constitué de la Brigade de Protection des Mineurs, de Lutte contre les Atteintes aux Mœurs et au Genre qui est rattachée à la Sous-direction des Affaires Criminelles.

Cette Brigade coordonne les activités des Sections de Protection des Mineurs dans les différents arrondissements municipaux de la ville de N'Djamena et dans les Délégations Régionales de police Judiciaire.

Son siège est situé au sein de la Coordination des sections de police judiciaire pour la Ville de N'Djamena, sise au quartier Moursal dans le sixième Arrondissement (derrière le Lycée Sacré-Cœur).

La police judiciaire transfère généralement les cas d'infractions commises par des enfants ou dans lesquelles sont impliqués des mineurs, à la brigade des mineurs, ou aux Sections de Protection des Mineurs, pour compétence.

---

166 - Sur la structure de la police judiciaire, voir article 1er de l'Arrêté N°4641/PR/PM/MSPI/SG/DGPN/DRH/2012 du 11 octobre 2012, portant restructuration de la Police Judiciaire ;

167 - Ces différentes Brigades sont entre autres : la Brigade Criminelle, la Brigade Economique et Financière, la Brigade de la Police Technique et Scientifique, la Brigade de Protection des Mineurs, de Lutte contre les Atteintes aux Mœurs et au Genge, etc. ;

Par ailleurs, il convient de préciser ici qu'en dehors de l'ensemble des services techniques de la Police nationale susmentionnés, il existe également la Direction du Bureau Central National d'Interpol[168] rattachée directement à la Direction Générale de la Police Nationale. Cette Direction technique coordonne l'ensemble des actions de police criminelle internationale, en coopération avec d'autres pays membres.

En matière de protection des mineurs, cette Direction et ses services techniques sont souvent mis à contribution par exemple dans le cadre de la prévention et de la répression des trafics frontaliers d'enfants ou autres infractions similaires.

4.1.1.1.2 La Gendarmerie Nationale

La Gendarmerie Nationale est l'une des composantes des forces de défense et de sécurité[169]. Elle assure également comme la Police Nationale, la mission du maintien et du rétablissement de l'ordre public, celle de protection des personnes et des biens sur l'ensemble du territoire national, dans le respect des libertés et droits de l'homme[170].

La Gendarmerie nationale Tchadienne est chargée surtout des missions de police judiciaire, de police administrative et de police militaire.

En sa qualité d'auxiliaire majeure de police judiciaire, la Gendarmerie exerce cette mission à travers sa Section Nationale

---

[168] - Interpol désigne l'Organisation Internationale de police criminelle qui a pour mission d'assurer et de développer la coopération ou l'assistance réciproque entre les pays membres en matière de prévention et de répression de la criminalité internationale ou transfrontalière ;

[169] - Aux termes de l'article 196 de la Constitution tchadienne du 04 mai 2018 révisée le 14 décembre 2020, les Forces de défense et de sécurité sont composées de : « l'Armée Nationale, la Gendarmerie Nationale, la Police Nationale et la Garde Nationale et Nomade » ;

[170] - Sur la mission de la Gendarmerie Nationale, voir article 203 de la Constitution tchadienne du 04 mai 2018 révisée le 14 décembre 2020.

de Recherche Judiciaire (SNRJ) et son Pelton Spécial d'Intervention (PSIG), à compétence nationale, ainsi qu'à travers ses brigades territoriales et ses unités de recherche reparties sur toute l'étendue du territoire national.

Les fonctions de police judiciaire sont surtout assurées au sein de la Gendarmerie par les Commandants de brigade et les Commandants de compagnie, en leur qualité d'officiers de police judiciaire.

Dans les brigades de gendarmerie, il y a souvent des gendarmes qui accomplissent la mission de police judiciaire, sans être regroupés au sein des services spécifiques comme c'est le cas au sein de la Police Nationale.

Ces gendarmes sont appelés également des agents ou officiers de police judiciaire (APJ/ OPJ). Certains parmi ces gendarmes sont spécialement chargés de gérer les affaires concernant les mineurs.

Dans tous les cas, les brigades de gendarmerie transmettent les affaires concernant les mineurs directement au procureur de la République, et non à la Brigade des mineurs de la Police Nationale comme c'est généralement le cas des policiers relevant du service de la police judiciaire.

4.1.1.1.3 D'autres personnes investies de certaines missions de police judiciaire : Cas des autorités traditionnelles et coutumières

Les autorités traditionnelles sont principalement les sultans, les chefs de canton et les chefs de tribu, les chefs de groupement, les chefs de villages et de ferricks[171].

---

[171] - Cf. article 1er de la loi N°13/PR/2010 du 25 août 2010, portant statuts et attributions des autorités traditionnelles et coutumière.

En matière judiciaire, ces autorités participent « au règlement non juridictionnel des différends dans leur ressort territorial »[172]. Elles sont également des auxiliaires de la justice et de la police judiciaire dans leur circonscription.

À ce titre, elles ont pour mission de « collaborer à la recherche des auteurs des crimes, délits, et contraventions, de procéder à l'arrestation des criminels, des délinquants, des prisonniers évadés et leur remise aux autorités administratives et judiciaires »[173]. Cela suppose des cas d'infractions et/ ou de recherche des auteurs ou complices présumés des infractions, au niveau local. Et ces autorités sont souvent mises à contribution dans l'enquête et la recherche des auteurs présumés des infractions commises à l'égard des mineurs.

4.1.1.2 Les juridictions compétentes en matière de protection des mineurs

Il s'agit respectivement des juridictions de premier et de second degré et des juridictions suprêmes ci-après :

4.1.1.2.1 Les juridictions de premier degré

a) La justice de paix

Une justice de paix désigne une juridiction (de premier degré) établie dans chaque arrondissement de la ville de N'Djamena et dans chaque sous-préfecture où n'a pas été créé un tribunal de grande instance[174].

La justice de paix est compétente en matière civile, correctionnelle et de simple police[175]. « Toutefois, les justices de

---

[172] - Cf. article 229 de la Constitution tchadienne du 04 mai 2018 révisée le 14 décembre 2020 ;

[173] - Cf. article 6 de la loi N°13/PR/2010, op.cit.

[174] - Sur la définition et le domaine de compétence des justices de paix, voir articles 52 à 55 de la loi N°011/PR/2013 du 17 juin 2013, portant Code de l'organisation judiciaire en République du Tchad ;

[175] - Sur les domaines de compétence des justices de paix, voir articles 53 à 55 de la loi N°011/PR/2013 du 17 juin, op.cit. ;

paix établies dans les arrondissements de la ville de N'Djamena ne sont pas compétentes en matière correctionnelle et de simple police »[176].

Ce qui signifie que les juges de paix des arrondissements de la Ville de N'Djamena ne sont compétentes qu'en matière civile. Elles n'ont aucune compétence en matière correctionnelle et de simple police, qu'il s'agisse du pouvoir qui leur est en dévolu en qualité du ministère public[177] ou du juge de fond[178].

Cette exception concernant les justices de paix des arrondissements de N'Djamena se justifie surtout par la proximité à N'Djamena d'un tribunal de grande instance et d'un parquet d'instance qui peuvent connaître des affaires pénales.

Par contre, compte tenu du fait que les justices de paix en dehors de N'Djamena sont souvent très éloignées des TGI, le déferement des suspects par les brigades et commissariats ainsi que la transmission de certaines affaires ne relevant pas de la compétence des juges de paix devant les procureurs de la République sont rendus difficiles, à cause de cette distance ou cet éloignement.

Et par exception au principe de séparation des fonctions des institutions ou services judiciaires, le juge de paix cumule dans la limite de sa compétence, à la fois les fonctions du ministère public[179], d'instruction, de jugement. En matière pénale, le juge

---

[176] -Cf. article 53 ; alinéa 2 de la LoiN°011/PR/2013 du 17 juin 2013, op.cit. ;

[177] - Le pouvoir dévolu au Ministère public en matière correctionnelle est celui de l'opportunité des poursuites et/ou de décerner des mandats de dépôt ;

[178] - Cf. article 54, alinéa 2 de la loi n°011, op.cit.

[179] - Aux termes des articles 64 et 65 de la loi N°011 op.cit., en l'absence du Procureur de de la République occupant le banc du ministère public devant les justices de paix, « le magistrat juge de paix remplit les fonctions attribuées par la loi à ce magistrat, dans la limite de sa compétence en la matière » ;

de paix siège seul, assisté d'un greffier alors qu'en matière civile, il est assisté de deux (02) assesseurs.

Les juges de paix peuvent valablement connaître des affaires mettant en cause des mineurs, mais uniquement en matière correctionnelle.

b) Le parquet d'instance

Le parquet désigne un corps de magistrats qui forment le Ministère public auprès d'une juridiction et qui sont chargés de veiller à l'application de la loi et au respect des intérêts de la société ou de l'État[180].

Quant au parquet d'instance, il désigne l'ensemble des magistrats qui assurent les fonctions du ministère public près les tribunaux de grande instance, à savoir les procureurs de la République et leurs substituts.

Les procureurs de la République dirigent l'activité de tous les membres du ministère public ainsi que celle de tous les officiers et agents de police judiciaire de leurs circonscriptions territoriales ou de leurs ressorts respectifs[181].

Dans le domaine de la protection des droits de l'enfant, les procureurs de la République sont chargés de la poursuite des infractions commises par des mineurs[182] ou contre les mineurs.

À ce titre, ils ont pour missions de recevoir, d'apprécier et de qualifier les plaintes et dénonciations, de donner une suite ou une orientation à ces plaintes et dénonciations, de requérir l'application de la loi, de veiller au respect des droits des

---

[180] - Sur la définition du parquet, voir le dictionnaire numérique Encarta 2009.

[181] - Cf. article 264, alinéa 2 du NCPPT ;

[182] - Voir article 7 de la loi N°007/PR/99 du 06 avril 1999, op.cit.

mineurs durant toute la procédure, notamment durant la période de garde à vue, de la détention ou autres[183].

c) La chambre pour enfants

La chambre pour enfants est l'une des cinq (05) chambres des tribunaux de grande instance[184]. Il s'agit d'une chambre chargée spécialement de juger tous les cas d'infractions commises par des mineurs ou dans lesquelles sont impliqués des mineurs[185] (en tant qu'auteurs ou complices présumés). Elle est compétente à la fois pour instruire les affaires dans lesquelles sont impliqués les mineurs, en toute matière et pour juger les mineurs en matière correctionnelle et criminelle.

Cette chambre est présidée par un juge pour enfants assisté de deux (02) assesseurs et d'un greffier. Les juges des enfants ne se contentent pas de sanctionner les enfants reconnus coupables des cas de violation de la loi, mais doivent également prononcer en cas de nécessité, des mesures de protection et d'assistance appropriées, au profit des enfants poursuivis devant eux[186].

Par ailleurs, il convient de préciser que dans les TGI dont les effectifs ne permettent pas la nomination des juges des enfants, la fonction de ces derniers est remplie par les juges d'instruction ou les juges du siège[187].

d) Les cabinets d'instruction

Les cabinets d'instruction sont une composante des tribunaux de grande instance. Leur nombre varie selon les tribunaux et chaque cabinet d'instruction est dirigé par un juge d'instruction, assisté d'un greffier.

---

183 - Sur les missions et la composition du ministère public, voir articles 253 et suivants du NCPPT ;

184 - Cf. article 35 de la loi N°11 du 17 juin 2013, portant Code de l'organisation judiciaire ;

185 - Cf. article 1er de la loi N°007 du 06 avril 1999, op.cit. ;

186- Voir Article 2, alinéa 1er de la Loi N°007/PR/99 du 06 avril 1999, op.cit. ;

187 - Cf. article 65 de la Loi N°007/PR/99 du 06 avril 1999, op.cit. ;

Les juges d'instruction ont pour mission de « procéder à l'instruction préparatoire de tous les crimes et délits » dont ils sont saisis, en mettant en œuvre tous les moyens nécessaires à la manifestation de la vérité[188].

L'instruction ici vise à rechercher les éléments permettant d'établir l'existence d'une infraction et de déterminer les personnes pouvant être poursuivies.

Dans le cadre de la protection judiciaire des mineurs, le cabinet d'instruction n'est pas en principe habilité à instruire les affaires mettant en cause les mineurs, mais uniquement celles mettant en cause des adultes, lorsque ceux-ci sont poursuivis par exemple pour des infractions commises à l'égard des mineurs. Toutefois, lorsque la juridiction saisie ne dispose pas en son sein d'un juge des enfants, l'instruction des affaires mettant en cause des mineurs doit relever de la compétence du cabinet ou du juge d'instruction.

Mais lorsqu'un ou plusieurs adultes sont poursuivis ensemble avec un ou plusieurs enfants pour une même infraction, l'instruction en ce qui concerne uniquement ces adultes doit être assurée par le juge d'instruction et celle concernant ces mineurs, par le juge des enfants.

Au cas où un juge de paix est par exemple saisi d'une telle infraction, celui-ci pourra dans la limite de sa compétence (c'est-à-dire uniquement en matière correctionnelle), assurer l'instruction en ce qui concerne à la fois les mineurs et les majeurs poursuivis.

Et si par hasard, le dossier impliquant des mineurs se retrouvent être pendant devant une juridiction de jugement, autre que la juridiction pour enfants, le président de la juridiction ou de la

---

[188] - Sur la fonction des juges d'instruction, voir article 296 à 299 du NCPPT.

chambre saisie doit, par jugement avant dire droit[189], ordonner la disjonction de la procédure (ou sa subdivision en deux procédures) et renvoyer les mineurs devant le juge des enfants, pour compétence.

e) La chambre correctionnelle et de simple police

La chambre correctionnelle et de simple police est l'une des cinq (05) chambres du TGI[190]. Elle a pour compétence générale de connaître des infractions pénales qualifiées de contraventions de simple police et des délits. En matière de protection judiciaire des mineurs, cette chambre se charge de juger des adultes poursuivis pour des contraventions de simple police ou des délits commis à l'égard des mineurs[191]. Au cas où ces mêmes infractions sont commises par des enfants, seule la chambre pour enfant statuant en matière correctionnelle en est compétente.

4.1.1.2.2 Les juridictions de second degré

Au Tchad, les juridictions de second degré en général sont constituées uniquement des cours d'appel.

Les services judiciaires relevant de la cour d'appel qui sont souvent impliqués dans la gestion des poursuites concernant les mineurs, sont principalement :

a) La chambre pour enfants de la cour d'appel

C'est l'une des chambres de la cour d'appel. Elle est habilitée à connaître des appels interjetés contre les décisions rendues par la chambre pour enfants des TGI, statuant en matière correctionnelle et en matière criminelle. Elle est également compétente pour connaître des appels interjetés contre les

---

189 - Un jugement avant dire droit désigne celui qui statue sur une question accessoire soulevée au cours de la procédure, sans trancher le fond du litige ; C'est un jugement pris en cours de l'instance, soit pour aménager une situation provisoire, soit pour organiser l'instruction et qui n'a pas l'autorité de la chose jugée ;

190 - Cf. article 35 de la loi N°011 du 29 mai 2013, op.cit.

191 - Sur les modes de saisine du tribunal correctionnel et de simple police, voir article 376 du NCPPT.

ordonnances de la chambre pour enfant du TGI qui sont rendues en matière d'instruction[192].

b) Le Parquet Général près la cour d'appel

Le parquet Général près la cour d'appel désigne la représentation du ministère public devant la cour d'appel. Chaque parquet général est composé d'un procureur général et des substituts généraux (près la cour d'appel)[193].

Dans le cadre des procédures judiciaires impliquant des mineurs[194], les procureurs généraux et les substituts généraux occupent le banc du ministère public respectivement devant la chambre pour enfants, la chambre correctionnelle et la chambre d'accusation de la cour d'appel.

c) La chambre d'accusation de la cour d'appel

C'est l'une des chambres de la cour d'appel[195]. La chambre d'accusation est la chambre d'appel[196] en matière d'instruction, c'est-à-dire qu'elle « est investie d'une mission de contrôle des procédures d'instruction... »[197]. En d'autres termes, il s'agit d'une formation de la cour d'appel qui est compétente pour connaître des appels interjetés contre les décisions (ou ordonnances) des juges d'instruction (des tribunaux de grande instance).

Dans le cadre de la poursuite des mineurs en conflit avec la loi, la chambre d'accusation n'est pas compétente pour connaître des appels interjetés contre les ordonnances de la chambre pour

---

[192] Cf. article 11 de la loi N°007 du 06 avril 1999, op. cit. ;

[193] - Cf. article 72 de la loi N°011/PR/2013 du 29 mai 2013, portant Code de l'organisation judiciaire au Tchad.

[194] - Il s'agit ici à la fois de la procédure de jugement des mineurs poursuivis pour des infractions et de celle consacrée au jugement des personnes ayant commis des infractions à l'égard des mineurs ;

[195] - Cf. article 69 de la loi N°011/PR/2013, op. cit.;

[196] - Sur les différentes formes d'appel, voir article 470 et suivants du NCPPT ;

[197] - Sur le domaine de compétence et les règles de fonctionnement de la chambre d'accusation, voir articles 351 et suivants du NCPT ;

enfants rendues en matière d'instruction qui relèvent plutôt de la compétence exclusive de la chambre pour enfants de la Cour d'appel[198].

Elle a également pour compétence de saisir la chambre criminelle au moyen d'un arrêt de renvoi et de mise en accusation, en vue de lui transmettre toutes les affaires de nature criminelle dont elle-même a été saisie[199] et mettant en cause des personnes adultes.

d) *La chambre correctionnelle et de simple police de la cour d'appel*

C'est l'une des chambres de la cour d'appel[200] qui a pour compétence de connaître des appels interjetés contre les décisions rendues en premier ressort par la chambre correctionnelle du TGI.

e) *Les chambres criminelles*

Les chambres criminelles sont des formations permanentes des cours d'appel qui ont pour compétence de juger des individus poursuivis pour des infractions qualifiées de crime[201]. Elles sont saisies par l'arrêt de renvoi et de mise en accusation[202] de la chambre d'accusation de la cour d'appel. Chaque chambre criminelle siège de façon permanente.

Dans le cadre de la protection judiciaire des mineurs, la chambre criminelle n'est pas compétente pour juger des enfants mais uniquement des individus adultes poursuivis pour des infractions

---

198 - Cf. article 11 de la loi N°006/PR/1999 du 06 avril op.cit. ;

199 - cf. article 351, alinéa 2 du NCPPT.

200 - Cf. article 69 de la loi N°011 du 29 mai 2013, op.cit.

201 - Aux termes des articles 1er, 15, al 2 et 21 de la loi N°008/PR/2020 du 09 juin 2020, portant modification de la loi N°011/PR/2013 du 17 juin 2013, portant Code de l'Organisation judiciaire, les cours criminelles qui étaient des formatons non permanentes des cours d'appel, sont désormais supprimées et remplacées par les chambres criminelles des cours d'appel siégeant de façon permanente.

202 - Cf. article 375 du NCPT ;

qualifiées de crimes et qui sont commises à l'égard des mineurs[203].

4.1.1.2.3 Les juridictions suprêmes

Il y a au Tchad une seule juridiction suprême, à savoir la Cour Suprême. Comme son nom l'indique, il s'agit de *« la plus haute juridiction du Tchad en matière judiciaire, administrative et constitutionnelle »*[204].

En matière judiciaire, la Cour suprême est seule compétente pour connaître des pourvois formés contre les arrêts des cours d'appel, y compris ceux relatifs aux affaires concernant les enfants (et contre toute décision rendue en dernier ressort par les juridictions de première instance).

Toutes les décisions de la Cour suprême sont en principe définitives et ne peuvent être remises en cause au moyen d'une voie de recours quelconque. C'est dans ce sens qu'on dit que les décisions de la Cour Suprême sont insusceptibles des voies de recours ou sont revêtues de l'autorité de la chose jugée.

Toutefois, la loi autorise le procureur général près la Cour Suprême de former d'office c'est-à-dire à sa propre initiative, ou sur instruction du Garde des Sceaux, Ministre de la Justice, un pourvoi dit « dans l'intérêt de la loi »[205], contre toute décision de ladite cour qui viole de façon flagrante la loi, avec la probabilité d'obtenir son annulation ou sa reformulation éventuelle.

---

[203] - Sur la formation des cours criminelles, voir articles 412 à 412 du NCPPT.

[204] - Cf. article 168 de la Constitution tchadienne du 04 mai 2018 révisée le 14 décembre 2020 et article 2 de l'Ordonnance N°02/PR/2021 du 24 février 2021, portant Organisation, Attribution, Fonctionnement et règles de procédure devant la Cour Suprême ;

[205] - Sur le pourvoi dans l'intérêt de la loi, voir articles 116 et 117 de la loi N°016/PR/2014 du 19 mai 2014 portant organisation, fonctionnement et règles de procédure devant la Cour Suprême ou l'article 52 de l'Ordonnance N°002/PR/2021 du 24 février 2021, op.cit. .

4.1.1.3 Les établissements pénitentiaires

Les établissements pénitentiaires désignent les centres de détention ou d'incarcération des personnes qui sont en conflit avec la loi. Il s'agit des établissements publics dont la mission principale est l'exécution des décisions judiciaires privatives de liberté.

On dénombre à l'heure actuelle au Tchad, environ quarante-cinq (45) maisons d'arrêt[206] reparties sur toute l'étendue du territoire national.

Ces établissements pénitentiaires sont placés sous l'autorité du Ministère en charge de la Justice[207].

Selon des informations recueillies auprès des responsables de l'administration pénitentiaire du Ministère en charge de la Justice, les seuls établissements pénitentiaires au Tchad qui sont plus ou moins conformes aux standards internationaux sont ceux de Bongor, Moundou, Doba, Sarh, et Mongo, construits sur financement de PRAJUST I ainsi que ceux de Moussoro, de Kélo, de Koumra et plus récemment celui de N'Djamena, construits sur financement de l'État.

Tous les autres établissements pénitentiaires ne sont pas conformes aux standards internationaux.

De manière générale, les conditions de détention dans les prisons au Tchad sont très mauvaises, y compris celles des mineurs incarcérés.

Ces mauvaises conditions de détention se traduisent en termes de surpopulation carcérale, de mauvaise alimentation, de

---

[206] - Sources : Direction de l'Administration Pénitentiaire et de la Réinsertion Sociale du Ministère de la Justice.

[207] - Cf. Article 3, alinéa 2 de la loi N°019 du 28 juillet 2017, op.cit.

mauvaise condition d'hygiène, de manque de prise en charge médicale appropriée des détenus, et autres.

En ce qui concerne spécifiquement les mineurs incarcérés, il convient de noter que dans la quasi-totalité des maisons d'arrêt au Tchad, des services d'éducation, de rééducation[208] et de prise en charge psychologique des mineurs n'existent pas. Aussi, dans la plupart des maisons d'arrêt, surtout dans celles qui ne sont pas conformes aux standards internationaux, les mineurs sont souvent détenus dans des quartiers non séparés de ceux des adultes, en violation de la législation[209] en vigueur.

Des telles conditions de détention contraires à la loi exposent les mineurs concernés au viol, aux maladies contagieuses, à une maltraitance de tout genre de la part des adultes, avec des conséquences néfastes que cela comporte sur la personne de ces mineurs.

Par ailleurs, il convient de préciser ici que pendant longtemps, les établissements pénitentiaires ont été dirigés exclusivement par des gendarmes et agents de la Garde Nationale et Nomade du Tchad (GNNT).

Mais depuis janvier 2017 à nos jours, un corps spécialisé du personnel de l'Administration pénitentiaire et de la réinsertion sociale[210] formé à l'École Nationale de Formation Judiciaire (ENFJ), est déployé au sein des différents établissements pénitentiaires, aux côtés de ces gendarmes et gardes nomades.

---

[208] - Sur le droit des mineurs incarcérés à une rééducation et à une éducation, voir article 11, alinéa 1er et article 58 de la loi N°019 du 28 juillet 2017, op.cit.

[209] - Sur le droit des mineurs à une détention dans une cellule séparée de celle des adultes en milieu carcéral, voir article 11, alinéa 2 et article 23 de la loi N°019 du 28 juillet 2017, op.cit.

[210] Ce corps spécialisé dans la gestion des établissements pénitentiaires, d'un effectif estimé à plus de 400 agents, est constitué de quatre (04) catégories d'agents, à savoir les administrateurs pénitentiaires, les contrôleurs pénitentiaires, les agents pénitentiaires et les surveillants pénitentiaires.

4.1.2 D'autres institutions nationales de promotion et de protection des droits de l'enfant au Tchad

4.1.2.1 La Commission Nationale des Droits de l'Homme (CNDH)

La Commission Nationale des Droits de l'Homme (CNDH) est une autorité administrative indépendante[211] qui a pour mission[212] principale de formuler des avis et d'assister le gouvernement en matière des droits humains, y compris les droits de l'enfant. Elle peut également être saisie par des citoyens ou se saisir d'office, en cas de violation des droits de l'homme.

La CNDH a été créée pour la première fois en 1994 sous la tutelle administrative de la Primature. Elle a dû connaître une profonde réforme, suite aux recommandations du Comité des Droits de l'Homme des Nations Unies, pour se conformer désormais aux Principes de Paris. Cette réforme visait principalement à renforcer son mandat, son indépendance vis-à-vis du Gouvernement, son autonomie budgétaire ainsi que l'élargissement de ses pouvoirs de surveillance en matière des droits de l'homme.

4.1.2.2 La Direction des Droits de l'Homme du Ministère de la Justice, Chargé des Droits Humains

L'une des principales missions de cette Direction technique du Ministère en charge de la justice est d'assurer la protection, l'assistance et le suivi des enfants, au niveau des juridictions compétentes et en collaboration avec les services sociaux.
Les enfants ainsi concernés sont par exemple les enfants maltraités ou abandonnés, les enfants en conflit avec la loi, les

---

[211] - Cf. article 183, al 2 de la Constitution tchadienne du 04 mai 2018 révisée le 14 décembre 2020.
[212] -Sur la mission de la CNDH, voir article 184 de la Constitution tchadienne de 2018 révisée en 2020 ;

enfants des mères en situation de difficulté conjugales[213] ou autres.

Cette Direction collabore en permanence avec les procureurs de la République, les juges pour enfants et les éducateurs sociaux (des centres sociaux).

4.1.2.3 La Direction de l'enfance du Ministère en charge de l'Action Sociale

Cette Direction est une structure technique d'appui à l'élaboration et à la mise en œuvre de la politique du Gouvernement relative à la protection de l'enfance.
Elle joue un rôle très important dans le domaine de la protection de l'enfant au Tchad, notamment en matière d'encadrement, de rééducation, de réinsertion socio professionnelle des enfants en situation difficile tels que les enfants emprisonnés, les enfants réfugiés, les enfants abandonnés ou égarés, les enfants soldats, les enfants de la rue, les enfants victimes de trafics, de violences, les enfants victimes de catastrophes naturelles telles que l'inondation ou autres, etc.

La Direction de l'enfance s'appuie essentiellement sur les services des Affaires sociales et travaille en collaboration avec plusieurs institutions nationales et internationales œuvrant dans le domaine de la protection de l'enfance telles que l'UNICEF, le HCR, Care International, l'OIM, le CICR, la police judiciaire, le parquet et autres.

4.1.2.4 Les Comités de protection de l'enfant

Il est créé dans toutes les régions du Tchad par arrêté N° 64/PR/PM/MFFSN/SG/DGASSN/DE/2016 du 5 septembre 2016, des Comités de Protection de l'Enfant[214].

---

[213] - Sur les attributions de la Direction des Droits de l'Homme du Ministère en charge des droits humains, voir article 23 du Décret N°011/PR/PM/MJCDH/2017 du 17 janvier 2017, portant organigramme dudit Ministère.

Ces comités constituent « un cadre de concertation, de coordination, et des interventions en matière de protection contre les abus, l'exploitation, la négligence et la violence faite aux enfants sur toute l'étendue du territoire national »[215].

Dans la réalité et selon des informations de source du Ministère de l'Action Sociale, ces différents comités régionaux ne sont pas réellement fonctionnels à l'heure actuelle.

4.1.2.5 Les assistants sociaux

Les assistants ou agents sociaux travaillent dans les centres sociaux placés sous l'autorité du Ministère en charge de l'Action Sociale.
Ces agents assurent la prise en charge médicale, psycho sociale et alimentaire des enfants vulnérables, des enfants abandonnés ou égarés.

En milieu judiciaire et carcéral, ils doivent en principe assurer la prise en charge et le suivi psychologique des enfants emprisonnés. Mais pour diverses raisons, ces assistants sociaux sont quasiment absents tant dans les milieux judiciaires que dans les établissements pénitentiaires au Tchad.

Les assistants sociaux travaillent en collaboration avec tous les acteurs du système de protection de l'enfance.

4.1.2.6 Les services de santé

Il s'agit des services de santé mentale ou physique. Ces services sont constitués des hôpitaux, des dispensaires, des cliniques ou cabinets médicaux, des cabinets de soins médicaux, et autres.

---

[214] - Sur la structure, la composition et le fonctionnement desdits comités, voir articles 4 et suivants de l'arrêté N°64/PR/PM/MFFSN/SG/DGASSN/DE/2016 du 05 septembre 2016, portant création des Comités de protection de l'Enfant dans toutes les Régions du Tchad

[215] - Cf. Article 2 de l'arrêté N°64/PR/PM/MFFSN/SG/DGASSN/DE/2016 du 05 septembre 2016, op.cit.

Ces services de santé sont généralement sollicités pour établir des certificats médicaux attestant les violences et autres abus subis par les enfants, pour apporter des soins aux enfants qui en ont besoin, pour vérifier l'état de santé psychologique des enfants suspectés, avant toute condamnation, etc.

4.1.2.7 Les organisations de défense des droits de l'homme

Il s'agit de toutes les organisations nationales et internationales qui ont pour missions principales de défendre et de protéger les droits de l'homme, y compris les droits de l'enfant.

À ce titre, elles ont pour activités essentielles de dénoncer tous les cas de violation des droits de l'homme portés à leur connaissance, à travers les communiqués et points de presse, les campagnes d'information ou de sensibilisation sur les textes protégeant les enfants, à travers les plaidoyers en faveur de la protection de l'enfance et autres.

En outre, elles ont également pour missions d'aider ou d'assister au niveau des commissariats de police, des brigades de gendarmerie, des juridictions ou même des maisons d'arrêt, toutes les personnes en conflit avec la loi y compris les enfants ou toutes celles dont les droits sont violés, afin que justice leur soit rendue.

Enfin, ces organisations accordent en général une place importante aux activités de formation, de sensibilisation et d'éducation civique de la population sur les droits de l'homme en général, y compris les droits de la femme et de l'enfant considérés comme les groupes des êtres humains les plus vulnérables.

Au Tchad, il existe à l'heure actuelle une multitude d'organisations ou d'associations de défense des droits de l'homme. Nous pouvons citer par exemple l'Association pour la Promotion des Libertés Fondamentales au Tchad (APLFT), la

Ligue Tchadienne des Droits de l'Homme (LTDH), l'Association Tchadienne pour la Promotion et la Défense des Droits de l'Homme (ATPDH), l'Action des Chrétiens pour l'Abolition de la Torture, section du Tchad (ACAT-Tchad), Droit de l'Homme Sans Frontière (DHSF), la Cellule de Liaison des Associations Féminines (CELIAF), l'Association des Femmes Juristes au Tchad (AFJT), l'Association pour la Récupération des Enfants en Détresse (ARED), l'Association pour l'Enseignement Coranique et la Protection des Enfants Mouhadjirine (AECPEM) au Tchad, le Réseau des Associations de Protection des Enfants au Tchad (REASPET), Dimension Sociale Tchadienne, etc.

4.1.2.8 Le barreau

Le barreau désigne l'ordre des avocats ou cette organisation corporative réunissant tous les avocats attachés à un barreau.

En effet, les avocats sont des auxiliaires de justice qui ont pour rôle de représenter, d'assister, de conseiller et de défendre les justiciables qui sont leurs clients, en matière juridique et judiciaire, plus généralement devant les juridictions ou au cours des procédures judiciaires. Ils sont des professionnels judiciaires libéraux qui sont rémunérés pour leurs prestations.

Aux termes de l'article 9, al 2 de la loi N°007 du 6 avril 1999 précitée, lorsqu'un mineur impliqué dans une procédure judiciaire comparait sans l'assistance d'un avocat, le juge des enfants doit lui désigner un avocat ou lui faire désigner d'office un avocat par le Bâtonnier (c'est-à-dire le chef élu d'un barreau pour une durée déterminée).

Dans la pratique, l'avocat peut assister ou défendre les mineurs parfois dès la phase préliminaire de la procédure au niveau de la police judiciaire.

En prévoyant ainsi l'assistance obligatoire des mineurs par un avocat devant les juridictions compétentes, la loi vise à garantir à ceux-ci leurs droits à la défense et à un procès équitable.

4.1.2.9 Le parlement des enfants

Le parlement des enfants a été créé par le décret N° 634/PR/MASF/2000 du 30 décembre 2000. Il est composé des enfants parlementaires âgés de 10 à 16 ans, élus par les enfants eux-mêmes pour un mandat de deux (02) ans renouvelable une seule fois[216]. Le nombre des enfants parlementaires est égal à celui des députés de l'Assemblée Nationale du Tchad et les enfants parlementaires ont également un mandat national, c'est-à-dire qu'ils représentent tous les enfants du Tchad.

Ce parlement qui est placé sous la tutelle du Ministère en charge de l'Action Sociale, a pour missions de sensibiliser, de mobiliser et d'interpeller les autorités publiques, les parents, les enfants eux-mêmes et autres sur la situation des enfants au Tchad[217].

Il sert de cadre d'expression et de réflexion pour les enfants, en vue d'instaurer un esprit de solidarité et de cohésion entre eux. Il permet aux enfants de donner leurs avis au niveau national sur les décisions ou questions qui les concernent particulièrement.

Le parlement des enfants se réunit une fois par an à l'occasion de la journée de l'enfant africain célébrée le 16 juin de chaque année, pour se prononcer sur des questions d'intérêt national concernant les enfants.

Par ailleurs, il convient enfin de souligner tout en le déplorant que le Parlement des enfants du Tchad ne dispose pas

---

216 - Cf. articles 3 et 4 du Décret N°634/PR/MASF/2000 du 30 décembre 2000, portant institution du Parlement des enfants ;

217 - Cf. article 2 du Décret N°634/PR/MASF/2000 du 30 décembre 2000, op.cit.

suffisamment de moyens pour pouvoir réaliser ses nobles missions.

4.2 Quelques institutions internationales de promotion et de protection des droits de l'enfant

4.2.1 Le Comité Africain des Experts sur les Droits et le Bien-Être de l'Enfant

Ce Comité est une institution technique créée par la Charte Africaine des Droits et du Bien-Être de l'Enfant. Il a pour principale mission de veiller au respect de l'ensemble des droits consacrés dans ladite Charte (par les États parties)[218].

À ce titre, il est habilité à recevoir les plaintes individuelles (appelées communications) de la part des ressortissants ou des ONG des États parties, relatives aux abus ou autres violations des droits de l'enfant (prévus dans la Charte). Ce Comité ne peut être saisi que si et seulement si, toutes les voies de recours nationales sont au préalable épuisées.

Le Comité a compétence respectivement pour faire des investigations nécessaires relatives aux cas de violation des droits de l'enfant dont il est saisi, pour statuer sur le fond des affaires dont il est saisi, et éventuellement faire des recommandations aux États mis en cause. Ces recommandations peuvent porter par exemple sur les dommages et intérêts dus aux victimes, ainsi que sur des mesures pratiques à prendre afin d'éviter une répétition des cas de violation des droits de l'enfant.

Dans la pratique, il est recommandé aux individus qui souhaitent dénoncer des cas de violation des droits de l'enfant auprès dudit Comité, de recourir aux spécialistes, notamment les avocats, les ONG de défense des droits de l'homme ou autres.

---

[218] - Sur la structure et la mission du Comité, voir article 42 à 46 de la CADBE.

4.2.2 L'UNICEF

L'UNICEF est l'abréviation de l'appellation en anglais de *« United Nations International Children's Funds »* qui signifie en français *« Fonds des Nations Unies pour l'Enfance ».*

C'est une organisation internationale spécialisée du système des Nations Unies. Elle a pour mission principale de défendre les droits de l'enfant, d'aider à répondre aux besoins essentiels ou à améliorer les conditions de vie des enfants dans le monde entier, mais en particulier ceux des pays pauvres, afin de leur permettre de bien grandir. Elle contribue dans les différents pays membres des Nations Unies à la promotion et à la reconnaissance des droits de l'enfant.

Concrètement, l'UNICEF se fixe pour priorités l'accès des enfants aux soins de santé de base, à la vaccination et à l'eau potable, l'accès des enfants à l'alimentation de qualité et à l'éducation de base, en particulier l'accès des filles à l'instruction[219], etc.

Dans le domaine spécifique de la lutte contre le phénomène des enfants soldats par exemple, l'UNICEF s'attelle essentiellement aux volets retraits, démobilisation et réinsertion de ces enfants des rangs des forces et groupes armés. La réinsertion ici vise à trouver pour ces enfants, anciens soldats, une alternative à la vie militaire, à travers des nouvelles opportunités de formations professionnelles et/ou d'emplois.

L'UNICEF travaille généralement en étroite collaboration avec les organisations humanitaires comme le Haut-Commissariat aux Réfugiés (HCR), la Croix Rouge, ou autres, avec les ministères en charge de la protection de l'enfance comme les

---

[219] - Sur la mission et la raison d'être de l'INICEF, Voir Microsoft Encarta 2009, et www.unicef.org

Ministères de la Justice, de la Santé Publique et de l'Action sociale, et avec toutes autres organisations ou institutions en charge de la promotion des droits de l'enfant.

4.2.3 Le Haut-Commissariat aux Réfugiés (HCR)

C'est une organisation internationale du système des Nations Unies qui a pour mission principale de protéger les réfugiés, les déplacés, les retournés et les personnes victimes des sinistres comme les inondations, les tremblements de terre ou autres, y compris les enfants.

Pratiquement, le HCR assiste ces personnes en leur donnant des vivres et non vivres (couvertures, moustiquaires ou autres), et en préparant leur retour ou leur réintégration dans leur milieu d'origine.

4.2.4 SOS Village d'Enfants Tchad

Il s'agit d'une ONG internationale qui a des représentations dans plusieurs pays, y compris le Tchad.

Le premier village d'enfants SOS a été fondé en 1949 à Imst, en Autriche, par HERMANN GMEINER. Celui-ci s'était engagé à aider les enfants démunis, des enfants qui avaient perdu leur foyer, leur sécurité et leur famille, au lendemain de la Deuxième Guerre Mondiale.

La mission dévolue au SOS VILLAGE D'ENFANTS[220] est de donner une famille aux enfants en difficulté, de les aider à bâtir leur propre avenir et de participer au développement des communautés locales.

---

[220] - Sur la présentation de SOS VILLAGE D'ENFANTS, voir http://www.sos-childrensvillages.org/where-we-help/africa/chad

Pour SOS VILLAGE D'ENFANTS, chaque enfant doit avoir sa place dans une famille et doit grandir dans un climat d'affection, de respect et de sécurité.

Ses priorités concernent la protection des enfants, la réunification des familles, l'offre d'un soutien psychosocial, le dépistage nutritionnel et l'éducation des enfants en difficulté.

Le VILLAGE SOS TCHAD a mis en place un programme d'aide d'urgence pour apporter une réponse humanitaire face aux besoins croissants des enfants et des familles au Tchad. Ainsi, il offre des services de prise en charge sanitaire, nutritionnelle et en matière d'éducation à la population, aux enfants orphelins, aux enfants des parents démunis et autres.

Il intervient aussi dans les camps de réfugiés pour assister les enfants réfugiés dans les domaines de la santé, de la nutrition, de l'éducation, etc.

4.2.5 L'Organisation Internationale pour les Migrations (OIM)

L'OIM[221] est la principale organisation intergouvernementale dans le domaine de la migration.

Fondée en 1951 et basée à Genève en Suisse, « l'OIM travaille pour aider à assurer la gestion humaine et ordonnée des migrations, à promouvoir la coopération internationale sur les questions de migration, pour aider à la recherche de solutions pratiques aux problèmes de migration et fournir une assistance humanitaire aux migrants dans le besoin, y compris les réfugiés et les personnes déplacées ».

---

221 - Sur la présentation de l'OIM, voir https://www.iom.int/fr/propos-de-loim

L'OIM travaille en étroite collaboration avec les partenaires gouvernementaux, intergouvernementaux et non-gouvernementaux.

En vertu d'un accord signé le 19 septembre 2016 avec l'ONU, l'OIM qui se situait en dehors du système des Nations-Unies est désormais une Organisation liée aux Nations-Unies.

Dans le domaine de la protection de l'enfance, l'OIM a pour missions principales de promouvoir le droit à la protection de la famille, de l'enfant, de la mère et de l'adolescent et de lutter contre la traite des enfants.

4.2.6 Le Comité International de la Croix Rouge (CICR)

La croix Rouge est un organisme international chargé d'apporter des aides matérielles aux populations en difficulté ou en situation d'urgence, comme les réfugiés ou les personnes victimes des guerres ou des conflits armés, les personnes victimes des inondations, des épidémies ou des maladies contagieuses telles que le choléra, ou autres.

La mission principale de la croix rouge est d'apporter à ces personnes une assistance ou des aides en médicaments, en soins de santé, en nourriture, en couverture, en moustiquaires, ou autres.

CHAPITRE V : Que faut-il faire pour rendre justice à un enfant victime de violation de ses droits ?

En cas de violation des droits de l'enfant comme les cas de torture, de viol, de violence ou autres, à l'égard des enfants, et afin de permettre aux enfants concernés d'entrer dans leurs droits, les démarches suivantes peuvent être entreprises :

5.1 Le recours à l'assistance juridique et judiciaire

Les parents ou tuteurs des enfants concernés peuvent contacter les avocats ou les organisations de défenses des droits de l'homme de leur choix, afin d'avoir des orientations pratiques sous forme d'assistance juridique et/ou judiciaire. Il y a certaines organisations de la société civile tchadienne qui peuvent parfois prendre en charge l'assistance judiciaire des enfants impliqués dans les procédures judiciaires, en mettant à leur disposition des avocats et en payant directement les honoraires de ces avocats.

Le recours à cette assistance juridique et judiciaire est facultatif mais peut se révéler d'une grande utilité dans la pratique, surtout lorsqu'on connaît la complexité des procédures judiciaires pour les profanes du droit.

5.2 La saisine des services judiciaires compétents au moyen d'une plainte

Les parents ou tuteurs des enfants concernés peuvent saisir directement au moyen d'une plainte avec constitution de partie civile :

- Soit le procureur de la République ;
- Soit le juge de paix ;
- Soit la police judiciaire, c'est-à-dire la brigade de gendarmerie ou le commissariat de police le plus proche.

En matière d'infraction de traite d'enfant et lorsque leurs statuts les y habilitent, les associations de la société civile peuvent porter plainte en lieu et place de la victime, sans préjudice des droits de celle-ci, et peuvent également se constituer partie civile[222].

La constitution de partie civile ici vise à permettre aux plaignants de réclamer des intérêts civils ou une réparation de l'ensemble des préjudices présumés avoir été subis par les enfants victimes de la violation de leurs droits (et éventuellement par leurs parents).

5.3 La saisine des services judiciaires compétents au moyen d'une dénonciation

Toutes les personnes[223] qui sont au courant d'un cas quelconque de violation des droits de l'enfant, peuvent faire une dénonciation selon leur choix :

- Soit auprès du procureur de la République ;
- Soit auprès du juge de paix ;
- Soit auprès du commissariat de police ou de la brigade de gendarmerie la plus proche[224] ;
- Soit auprès des services des Affaires sociales (ou les centres sociaux) ;
- Soit auprès des organisations de défense des droits de l'homme.

Les personnes pouvant faire une telle dénonciation sont par exemple les voisins de la victime, les médecins traitant de la victime, les témoins de la scène de violation des droits de la victime, les assistants sociaux et autres.

---

[222] - Cf. 31 de l'ordonnance N°006/PR/2018 du 30 mars 2018, op.cit. ;

[223] - Cf. article 279 du NCPPT ;

[224] - Aux termes de l'article 242, alinéa 1er du NCPPT, les officiers de police judiciaire reçoivent les plaintes et dénonciations.

Lorsque la dénonciation est faite directement auprès du parquet d'instance, d'une justice de paix, d'une brigade de gendarmerie ou d'un commissariat de police, elle a valeur de plainte et les services concernés doivent se saisir immédiatement de l'affaire et la gérer.

Au cas où la dénonciation est faite auprès des organisations de défense des droits de l'homme ou des services des Affaires sociales, ceux-ci doivent à leur tour saisir le procureur de la République pour compétence.

Et aussi bien en cas de dénonciation qu'en cas de plainte déposée par les représentants légaux des enfants victimes de la violation de leurs droits, les services judiciaires saisis (à savoir les procureurs de la République, les juges de paix, les brigades de gendarmerie ou les commissariats de police, selon les cas) doivent enclencher les poursuites judiciaires contre les auteurs et complices présumés des infractions dont ils ont été saisis.

Lorsque des poursuites judiciaires doivent être enclenchées contre des adultes présumés auteurs ou complices des cas de violation des droits de l'enfant, la procédure à suivre est celle de droit commun, c'est-à-dire la même procédure pour toutes les poursuites pénales.

En attendant l'issue d'une décision judiciaire éventuelle, la juridiction compétente peut décider, à titre de mesure conservatoire et en cas de nécessité, de placer les enfants en danger dans un centre d'accueil spécialisé ou dans une famille.

Mais dans tous les autres cas où des poursuites judiciaires doivent être enclenchées contre des mineurs auteurs ou complices présumés d'infractions pénales commises à l'égard d'autres mineurs ou d'autres personnes, la procédure requise doit être une procédure spécifique définie par la législation en vigueur[225].

---

[225] La procédure de poursuite des mineurs auteurs et/ ou complices présumés de violation de la loi au Tchad est celle prévue par la loi N°007 du 06 avril 1999, op.cit. ;

CHAPITRE VI : Quelle est la procédure à suivre pour juger un enfant poursuivi en tant qu'auteur ou complice présumé d'une infraction pénale ?

Il convient de préciser ici que le présent chapitre est consacré uniquement à la responsabilité pénale de l'enfant et non à sa responsabilité civile qui implique plutôt la responsabilité de ses parents ou tuteurs, sur le fondement des articles 1383 et suivants du Code civil, en tant que gardiens de l'enfant.

En ce qui concerne la procédure judiciaire proprement dite impliquant les mineurs en tant qu'auteurs ou complices présumés d'une infraction pénale, il convient de distinguer chronologiquement deux (02) grandes phases, à savoir la phase de poursuite et d'instruction (i) et la phase de jugement et de recours (iv).

6.1 La phase de poursuite et de l'instruction

Il convient de distinguer ici d'une part, la phase de poursuite et d'enquête préliminaire (i) et d'autre part, celle de l'instruction préparatoire (ii)

6.1.1 La poursuite et l'enquête préliminaire

Dans cette première phase, on distingue trois (3) étapes, à savoir la saisine de l'instance judiciaire compétente, les enquêtes préliminaires et le traitement des procès-verbaux d'enquêtes préliminaires.

6.1.1.1 La saisine de l'instance judiciaire compétente

Lorsqu'un mineur est suspecté d'avoir commis une infraction pénale (comme le vol ou les coups et blessures volontaires), la partie civile c'est-à-dire celle qui est victime de cette infraction, peut porter plainte contre le mineur en question. Cette plainte peut être déposée selon les cas, soit au commissariat de police

ou à la brigade de gendarmerie la plus proche, soit au parquet d'instance, soit auprès du juge de paix ou du juge pour enfants territorialement compétent.
Il convient de signaler qu'à N'Djamena, toutes les plaintes contre les mineurs sont transmises ou orientées à la Brigade de Protection des Mineurs, de Lutte contre les Atteintes aux Mœurs et au Genre qui en est l'instance la plus appropriée.

En cas d'infraction qualifiée de crime reprochée à un enfant, comme un cas d'assassinat ou de meurtre, le parquet d'instance peut, en l'absence de toute plainte, s'autosaisir ou se saisir d'office.

6.1.1.2 L'enquête préliminaire

En cas de plainte déposée auprès d'une brigade de gendarmerie ou d'un commissariat de police, celle-ci ou celui-ci doit constater l'infraction, informer sans délai le parquet d'instance de l'existence d'une telle procédure et mener des enquêtes préliminaires, en vue de rassembler les faits destinés à reconstituer les circonstances de l'infraction. « Le procureur de la République saisi d'une affaire de flagrant délit dans laquelle sont impliqués des mineurs, pourra procéder ou faire procéder à tout acte urgent d'enquête... »[226].
Au cours de ces enquêtes préliminaires, la police judiciaire peut placer le mineur poursuivi en garde à vue pour une durée maximale ne pouvant excéder dix (10) heures, et cela sous la surveillance du parquet d'instance[227].

Un procès-verbal sanctionnant les enquêtes et/ou auditions préliminaires doit être établi par la police judiciaire et déféré au parquet d'instance (ou au juge de paix en l'absence du parquet d'instance), pour la suite de la procédure.

---

[226] - Cf. article 7, al 3 et 6 de la loi N°007 du 06 avril 1999, op. cit. ;
[227] - Article 7, alinéa 2 de la loi N°007 du 06 avril 1999, op.cit. ;

Au cas où une plainte est déposée devant un juge de paix, celui-ci doit constater cette infraction et mener directement les enquêtes préliminaires nécessaires. Il peut aussi parfois saisir la police judiciaire pour des auditions ou enquêtes préliminaires dont les procès-verbaux doivent obligatoirement lui être transmis, pour la suite de la procédure.

Lorsque l'infraction en cause est qualifiée de crime, le juge de paix a l'obligation de se dessaisir et déférer d'office le mineur poursuivi au parquet d'instance de son ressort territorial, pour compétence.

Enfin, au cas où le procureur de la République est directement saisi d'une infraction, il doit également constater l'infraction avant de procéder lui-même ou de faire procéder par la police judiciaire, « à tout acte urgent d'enquête »[228], ou saisir parfois à son tour directement le juge des enfants (par un réquisitoire introductif)[229]. La police judiciaire doit dans ce cas, déférer les procès-verbaux des enquêtes préliminaires au procureur de la République ou au juge de paix, pour la suite de la procédure.

6.1.1.3 Le traitement des procès-verbaux d'enquêtes préliminaires

Après réception du procès-verbal d'enquête préliminaire de la police judiciaire ou du soit transmis des infractions susceptibles d'être qualifiées de crimes émanant du juge de paix, le procureur de la République peut prendre selon les cas l'une des décisions suivantes :

- Soit, classer le dossier sans suite, lorsqu'il estime qu'il n'y a pas en l'espèce nécessité de poursuite. Ce classement sans suite du dossier met fin en principe à la poursuite. Toutefois, le plaignant qui conteste un classement sans suite de son dossier, a la possibilité de déposer une nouvelle plainte avec constitution de partie civile directement devant le juge des enfants, (en sa

---

[228] - Cf. article 7, alinéa 3 de la loi N°007 du 06 avril 1999, op.cit.

[229] - Cf. article 4, alinéa 1er de la loi N°007 du 06 avril 1999, op.cit.

qualité de juge d'instruction en matière de poursuite des mineurs), en vue de relancer la poursuite ;

- Soit, qualifier le procès-verbal au cas où il estime qu'il y a nécessité de poursuite, parce que des charges sérieuses pèsent sur le mineur poursuivi.

Après cette qualification, le procureur de la République doit transmettre le dossier au juge des enfants, pour compétence, c'est-à-dire soit pour instruction ou soit pour jugement[230].

En ce qui concerne le juge de paix, dès qu'il reçoit les procès-verbaux de la police ou de la brigade de gendarmerie, il a la possibilité soit de classer le dossier sans suite, soit de qualifier le procès-verbal et de s'y prononcer au fond lorsque l'affaire relève de sa compétence, ou soit enfin, de transmettre ce procès-verbal au parquet d'instance pour compétence, lorsque l'affaire en question dépasse sa propre compétence (à l'exemple des affaires criminelles).

6.1.2 L'instruction préparatoire

L'instruction peut se faire selon les cas, en une seule ou en deux (02) étapes :

6.1.2.1 L'instruction en première instance par le juge des enfants ou le juge de paix

L'instruction des affaires dans lesquelles sont impliqués les mineurs en tant qu'auteurs ou complices présumés, est assurée par le juge des enfants[231] et non par les juges d'instruction. Toutefois, dans les juridictions où il n'y a pas de juge des enfants, l'instruction des affaires concernant les mineurs est assurée par le juge d'instruction. De même, le juge de paix saisi d'une telle affaire, peut en assurer l'instruction, mais

---

[230]- Le juge des enfants a l'obligation d'instruire au préalable toutes les affaires complexes ou criminelles, tout comme il dispose de la possibilité d'enrôler directement les affaires simples, en vue du jugement, sans procéder à une instruction préalable ;

[231] - Cf. articles 8 et 11 de la loi N°007 du 06 avril 1999, op.cit.

uniquement en matière correctionnelle (et non en matière criminelle).

Cette phase consiste pour le juge instructeur à rechercher toutes les preuves visant à « établir l'existence d'une infraction et à déterminer si les charges relevées à l'encontre des personnes poursuivies sont suffisantes », afin que ces personnes soient jugées.

Au début de l'instruction, le juge instructeur doit désigner ou faire désigner par le Bâtonnier un avocat pour défendre le mineur poursuivi, dans le cas où celui-ci ne dispose pas d'un avocat.

Durant l'instruction, il doit interroger les enfants auteurs et complices présumés des infractions en cause, selon une procédure spécifique[232].

Cette procédure d'instruction assez spéciale doit tenir compte de la fragilité et de l'immaturité des enfants et doit permettre surtout de les mettre suffisamment en confiance, afin de les amener à révéler librement toute la vérité au juge[233].

Le juge instructeur doit également auditionner toutes les personnes qu'il juge utile d'entendre et exploiter toutes les informations en sa possession, en lien avec l'affaire en cours d'instruction.

Il peut également en cas de nécessité, ordonner la détention provisoire ou la mise sous surveillance de toutes les personnes qu'il juge utile de détenir ou de surveiller, y compris les mineurs poursuivis, en vue de la manifestation de la vérité.

---

[232] Cf. articles 7 à 15 de la loi N°007 du 06 avril 1999, op.cit. ;

[233] - Sur la procédure d'instruction des affaires dans lesquelles sont impliqués des mineurs, voir LOUABALBE KADJONKA, « la recherche des preuves sur les violences basées sur le genre (VBG) », support des formations des magistrats et OPJ, à Abéché, mars 2017 ;

Il convient de préciser que la détention provisoire d'un mineur dans l'attente de jugement ne peut excéder six (06) mois maximum[234].

À la fin de l'instruction, le juge peut prendre selon les cas, les décisions suivantes[235] :

- Soit une ordonnance à décharge ou de non-lieu : pour défaut de charge suffisante ou pour défaut de charge contre le mineur poursuivi. Cette ordonnance met fin en principe à la poursuite et partant, à la procédure, mais est susceptible d'appel dans le délai requis qui est de dix (10) jours.
- Soit une ordonnance à charge ou de renvoi du mineur poursuivi devant la chambre pour enfants en vue d'un jugement au fond (qu'il s'agisse d'une affaire correctionnelle ou criminelle), au cas où il estime qu'il y a des charges suffisantes qui pèsent sur ce dernier ;
- Soit une ordonnance de disjonction de la procédure au cas où des majeurs et des mineurs sont poursuivis ensemble pour la même infraction ;

Cette ordonnance a pour effet de scinder la procédure en deux (02), en renvoyant d'une part les mineurs poursuivis devant la chambre pour enfants, en vue du jugement, et d'autre part, les majeurs poursuivis devant les juridictions compétentes, c'est-à-dire :

- Soit devant le tribunal correctionnel (TGI) lorsque l'infraction en cause est qualifiée de délit.
- Soit devant le parquet général près la cour d'appel, en vue d'un jugement par une chambre criminelle[236], lorsque l'infraction en cause est qualifiée de crime[237].

---

234 - voir article 32, alinéa 3 de la loi N°007/PR/99 du 06 avril 1999, op.cit. ;

235 Cf. article 13 de la loi N°007 du 06 avril 1999, op.cit.

236 - La chambre criminelle est une chambre permanente de la cour d'appel ;

237 - Cf. article 14 de la loi N°007 du 06 avril 1999, op.cit. ;

Par ailleurs, il convient de relever que si au cours d'une procédure pendante devant la chambre correctionnelle du TGI, le juge de cette chambre constate l'implication des mineurs et des majeurs dans l'infraction en cause, il doit ordonner également la disjonction de la procédure par jugement avant dire droit (c'est-à-dire un jugement qui statue sur une question accessoire soulevée au cours de la procédure, sans trancher le fond du litige) et renvoyer ainsi les mineurs devant le juge compétent (à savoir le juge des enfants).

Dans tous les cas, les ordonnances rendues par le juge des enfants ou le cabinet d'instruction peuvent être frappées d'appel respectivement devant la chambre pour enfants et la chambre d'accusation de la cour d'appel.

6.1.2.2 L'instruction en appel par la chambre pour enfant de la Cour d'appel

En cas d'une ordonnance à décharge rendue par le juge des enfants, le parquet d'instance ou la partie civile peut contester cette ordonnance au moyen de l'appel devant la chambre pour enfants de la cour d'appel. Devant cette chambre, le Ministère public est représenté par le parquet général près la cour d'appel.

La chambre pour enfants ainsi saisie en appel, peut selon les cas :

- Soit, confirmer l'ordonnance à décharge rendue par le juge des enfants (ou le juge instructeur) ;
- Soit, infirmer cette ordonnance en renvoyant l'affaire pour un jugement au fond devant la chambre pour enfants du tribunal de première instance.

6.2 Les phases de jugement et des voies de recours

Cette phase désigne celle qui consiste pour la juridiction saisie d'examiner et de trancher au fond, le litige qui lui est soumis.

On distingue le jugement rendu en première instance et les décisions rendues dans le cadre des voies de recours.

6.2.1 Le jugement au niveau de la justice de paix ou de la chambre pour enfants du TGI

Les justices de paix en dehors de celles de N'Djamena sont compétentes pour juger des enfants poursuivis uniquement en matière correctionnelle (ou de délits et contraventions de simple police). Quant à la chambre pour enfants du TGI, elle peut statuer aussi bien en matière correctionnelle pour connaître des infractions qualifiées de « délits », qu'en matière criminelle, pour connaître des infractions qualifiées de « crimes ».

En principe, les audiences de la chambre pour enfants ne sont pas publiques, c'est-à-dire qu'elles ne sont pas ouvertes au public ou à tout le monde. Ces audiences se déroulent en « chambre de conseil », c'est-à-dire « à huis clos », en présence de quelques parents ou tuteurs des enfants poursuivis, de leurs avocats ainsi que des personnes directement concernées par la procédure, telles que les témoins, les parties civiles ou autres[238].

Les audiences en matière correctionnelle sont dirigées par le juge des enfants, assisté de deux (02) assesseurs, alors qu'en matière criminelle, elles sont dirigées par le Président du tribunal de grande instance, assisté de deux (02) juges, dont obligatoirement le juge des enfants ayant assuré l'instruction du dossier, et de quatre (04) assesseurs[239].

À l'issue de ses audiences, la chambre pour enfants peut rendre selon les cas, l'une des décisions suivantes :

---

[238] - Cf. article 21 et 29 de la loi N°007 du 06 avril 1999, op.cit. ; Sur les droits des mineurs soumis à une procédure judiciaire, voir articles 18 et suivants de la loi N°007 du 06 avril 1999, op.cit. ;

[239]- Cf. Article 27 de la loi N°007 du 06 avril 1999, op.cit. ;

- Soit la relaxe pure et simple des mineurs poursuivis, en cas d'infraction non constituée ou de doute au profit du mineur poursuivi ;
- Soit, une condamnation pénale des mineurs poursuivis, c'est-à-dire leur condamnation à des peines d'emprisonnement[240];

Dans ce dernier cas, la peine d'emprisonnement encourue par les mineurs ne pourra dépasser la moitié de la peine minimale légale et la peine de mort devant être remplacée par une peine d'emprisonnement ferme maximale de 10 ans[241]. Les mineurs doivent être détenus dans des lieux séparés des adultes[242].

Il convient de noter aussi, la loi interdit toute condamnation d'un enfant à une peine d'emprisonnement à vie, sans possibilité de libération[243]. Toute condamnation à une peine d'emprisonnement ne peut être portée au casier judiciaire du mineur condamné, à la différence des mesures de protection ou de surveillance qui, elles, peuvent bel et bien y figurer[244].

Il convient de rappeler encore ici qu'au Tchad, les mineurs de moins de treize (-13) ans ne peuvent pas être condamnés à une peine d'emprisonnement, mais uniquement à des mesures de surveillance, de protection ou de rééducation[245].

- Soit enfin, une condamnation des mineurs poursuivis à des simples des mesures de garde ou de rééducation, en cas de nécessité[246], dans les conditions prévues par la loi.

---

240 - Sur les peines pénales encourues par les mineurs poursuivis, voir articles 23 et 30, alinéa 2 de la loi n°007 du 06 avril 1999, op.cit., et les droits des mineurs en conflit avec la loi, infra P. 27 à 31 ;

241 - Voir articles 23 et 3à de la loi n°007/PR/99 ; op.cit. ;

242 - Cf. article 23, alinéa 2 de la loi N°007 du 06 avril 1999, op.cit.

243 -Voir article 37, a de la CDE ;

244 - Voir article 2 de la loi N°007/PR/99, op.cit. ;

245 - Voir article articles 22 et 27 de la loi N°007/PR/99, op.cit.

246 - Cf. articles 35 et suivants de la loi N°007 du 06 avril 1999, op.cit.

Dans tous les cas, la partie qui n'est pas d'accord avec la décision ainsi rendue, a la possibilité d'interjeter appel contre ladite décision, devant les juridictions compétentes.

6.2.2 Les voies de recours

Une voie de recours désigne la faculté que la loi accorde à toute personne intéressée par une procédure judiciaire de pouvoir demander l'annulation, le réexamen ou la modification d'une décision de justice déjà rendue dans le cadre de ladite procédure. Les voies de recours permettent de corriger les décisions judiciaires mal rendues et de garantir aux justiciables une justice juste.

Les voies de recours les plus fréquentes en matière pénale sont respectivement l'opposition, l'appel et la cassation.

6.2.2.1 L'opposition

L'opposition est une voie de recours permettant à une personne qui a été jugée par défaut c'est-à-dire à son absence, sans qu'il ait pu présenter sa défense au cours de la procédure, de demander à la même juridiction qui a statué, de reprendre le jugement ainsi rendu[247] (ou de statuer une seconde fois en fait et en droit sur une même affaire).

Le délai pour faire opposition à un jugement en matière pénale est de dix (10) jours[248], pour compter de sa notification au prévenu qui n'avait pas comparu au cours de la procédure ayant abouti à la décision attaquée. Dépassé ce délai, la décision attaquée sortira (ou produira) son plein et entier effet.

Mais au cas où le condamné réside à l'étranger, le délai de dix (10) jours est allongé d'un (01) mois supplémentaire[249].

---

247 - Cf. article 466du NCPPT ;

248 - Cf. article 465, al. 2 du NCPPT, l'alinéa 3 du même article allonge ce délai à un (01) mois au cas où le condamné est à l'étranger ;

249 - Sur les délais d'opposition en matière pénale, voir article 465 du NCPPT, et sur ces mêmes délais en matière civile, voir article 171 du code de procédure civile tchadien ;

Dès que l'une des parties fait opposition à une décision rendue par défaut à son égard, l'exécution de la décision ainsi attaquée est automatiquement suspendue[250].

Il convient de préciser ici que l'opposition de la partie civile , même en matière pénale, doit être toujours limitée aux intérêts civils de la décision attaquée et aux dépens[251].

Et si jamais l'opposant ne comparait pas ou se laisse juger une seconde fois par défaut (c'est-à-dire par itératif défaut), son opposition sera déclarée non avenue et il sera déclaré irrecevable à formuler une nouvelle opposition[252], car « opposition sur opposition ne vaut ».

Par ailleurs, il convient de préciser également que l'opposition peut être formée contre une décision rendue par défaut, aussi bien par les juridictions de première instance (justice de paix, chambre pour enfants du TGI …), que par la cour d'appel[253].

En ce qui concerne les décisions rendues en première instance, la partie condamnée par défaut dispose d'un droit d'option entre l'opposition et l'appel, c'est-à-dire qu'elle peut attaquer cette décision soit en opposition, soit directement en appel. Il en est de même de la partie condamnée par défaut par la cour d'appel qui dispose également d'un droit d'option entre l'opposition en appel et le pourvoi en cassation.

Et au cas où c'est l'opposition qui a été sollicitée en premier lieu contre une décision rendue en première instance par défaut, la nouvelle décision qui sera rendue suite à cette opposition pourra également faire l'objet d'un appel.

---

[250] - On parle dans ce cas de l'effet suspensif de l'opposition.

[251] Cf. article 466 du NCPPT ;

[252] - Cf. article 467 du NCPPT.

[253] - Concernant l'opposition contre les arrêts de la cour d'appel rendus par défaut, voir 494 du NCPPT ;

6.2.2.2 L'appel

L'appel est une voie de recours qui permet aux parties à une procédure judiciaire de demander à la Cour d'appel la révision ou l'annulation d'un jugement rendu en première instance.
« La faculté de faire appel du jugement de la chambre pour enfants appartient aux parents ou tuteurs du mineur, à son représentant légal, à la partie civile ou au ministère public »[254].

Ainsi, la partie civilement responsable, la partie civile ou le Ministère public peut contester toute décision rendue en première instance (par de la Chambre pour enfants du TGI ou par une justice de paix) en interjetant appel contre ladite décision.

En matière pénale, le délai légal d'appel est dix (10)[255], lorsque la décision attaquée a été rendue au siège de la juridiction compétente, ou de vingt (20) jours, lorsque cette décision est rendue en audience foraine (c'est-à-dire en dehors du siège de ladite juridiction).

En ce qui concerne le procureur général près la cour d'appel, il dispose d'un délai d'appel de deux (02) mois[256].

À l'égard des parties, ce délai court pour compter de la date du prononcé du jugement rendu de façon contradictoire ou de la date de signification du jugement rendu par défaut à la partie condamnée. À l'égard du procureur de la République, le délai d'appel court pour compter de la date du prononcé du jugement rendu par le TGI ou du jour de l'arrivée au parquet de l'avis du jugement attaqué rendu par une justice de paix. En ce qui concerne enfin le procureur général près la cour d'appel, le délai

---

254 - Cf. article 25, alinéa 1er loi N°007 du 06 avril 1999 ;

255 - Sur les délais d'appel, voir articles 469, 473 à 478 du NCPPT.

256 - Cf. article 474, alinéa 1er du NCPPT ;

d'appel court à son égard pour compter du jour de l'arrivée au parquet général de l'avis du jugement attaqué.

Il convient de préciser par ailleurs que l'appel suspend les effets ou l'exécution de la décision attaquée[257], aussi bien pendant le délai légal d'appel[258] que durant l'instance d'appel. En d'autres termes, durant le délai légal pour faire appel et dès lors qu'un appel est interjeté contre une décision rendue en première instance (par la chambre pour enfant du TGI ou d'une justice de paix), les effets de cette décision sont automatiquement suspendus, jusqu'à la décision de la cour d'appel[259].

Et lorsqu'un appel est interjeté contre une décision de la chambre pour enfant du TGI ou contre une décision d'une justice de paix ayant statué sur une affaire impliquant un mineur en tant qu'auteur ou complice présumé d'une infraction pénale, la Cour d'appel statuant en chambre pour enfants[260], devra rendre une décision qui peut, selon les cas, confirmer ou infirmer la décision attaquée. Cette décision, qu'il s'agisse d'une affaire criminelle ou correctionnelle, est rendue dans les mêmes formes et conditions que celles de la chambre pour enfant du TGI.

Ces décisions de la cour d'appel peuvent également faire l'objet d'une autre voie de recours qui peut être l'opposition en appel (en cas de décision rendue par défaut)[261] ou le pourvoi en cassation.

---

[257] - Cf. article 479 du NCPPT.

[258] - Aux termes de l'article 479 du NCPPT, exception faite du délai d'appel du procureur général prévu à l'article 474 du NCPPT qui n'est pas suspensif.

[259] - Sur les effets de l'appel, voir les articles 499 à 481 du NCPPT et sur les exceptions au principe de l'effet suspensif de l'appel, voir les articles 446 et 447 du NCPPT ;

[260] - Cf. article 34 de la loi N°007/1999, op.cit.

[261] - Sur l'opposition en appel, voir supra pages 109 et 110 (l'opposition).

6.2.2.3 Le pourvoi en cassation

La cassation est une voie de recours qui permet aux parties de demander l'annulation ou la reformulation d'une décision de la cour d'appel ou de toute décision rendue en dernier ressort par les juridictions de première instance.
Dans la cadre des procédures judiciaires impliquant des mineurs en tant qu'auteurs ou complices présumés d'une infraction pénale, les arrêts rendus par la chambre pour enfant de la cour d'appel en matière d'instruction, en matière correctionnelle ou en matière criminelle, peuvent faire l'objet d'un pourvoi en cassation devant la Section pénale de la Chambre judiciaire de la Cour Suprême.

Le délai dans lequel ce pourvoi doit être formé est de dix (10) jours, pour compter du lendemain du jour où la décision attaquée a été rendue de façon contradictoire par la cour d'appel[262].

Suite à une demande de pourvoi en cassation, la Cour Suprême devra rendre une décision qui, selon les cas, peut soit rejeter ladite demande, soit casser ou annuler ladite décision qui est soumise à son appréciation.

Dans le premier cas, on parle d'un arrêt de rejet et la position adoptée par la Cour Suprême constitue une approbation de la décision attaquée, donnant ainsi raison à la juridiction ayant rendu la décision attaquée, alors que dans le second cas, la décision attaquée se trouve être remise en cause par un arrêt dit de cassation de ladite Cour.
Dans ce dernier cas, la Cour Suprême peut, en toute souveraineté, rendre un arrêt de cassation sans renvoi ou avec renvoi.

---

262 - Cf. article 78 de la loi N°016/PR/2014 du 19 mai 2014, portant organisation, fonctionnement et règles de procédure devant la Cour suprême ou articles 95 et 96 de l'Ordonnance N°002/PR/2021 du 24 février 2021, op.cit..

En effet, on parle d'un arrêt de cassation sans renvoi lorsque la Cour Suprême, après avoir cassé la décision attaquée, se prononce directement sur le fond du litige qui lui est soumis. Un arrêt de cassation avec renvoi par contre désigne celui qui, à la fois, remet en cause la décision attaquée et renvoie l'affaire en question, soit devant une nouvelle cour d'appel, soit devant la même cour d'appel mais autrement formée (c'est-à-dire avec une formation constituée des nouveaux membres).

Dans tous les cas, la cour d'appel qui sera ainsi saisie par la Cour suprême devra normalement se conformer à la position ou à la doctrine de la Celle-ci, sur le ou les points de droit en cause.

Mais, il peut parfois arriver que cette cour d'appel décide plutôt de confirmer à nouveau la décision initialement cassée par la Cour Suprême, en refusant de se conformer à la position voulue par celle-ci. On parle dans ce cas d'un arrêt de rébellion de la cour d'appel.

Et en présence d'un nouveau pourvoi en cassation contre ce dernier arrêt, la Cour Suprême devra obligatoirement statuer en assemblée plénière pour trancher définitivement le litige. On parlera dans ce cas d'un « arrêt de principe ».

Il convient de préciser enfin que la décision de la Cour Suprême est définitive parce qu'elle ne peut plus être remise en cause. Par conséquent, les parties doivent dans ce dernier cas simplement s'exécuter.

Toutefois, en cas d'une décision de la Cour Suprême violant la loi de façon flagrante, le procureur général près ladite Cour peut former contre cette décision un pourvoi dans le seul intérêt de la loi, avec la probabilité d'obtenir son annulation[263] ou sa reformulation.

---

263 - Sur le pourvoi dans l'intérêt de la loi, voir articles 11 et 117 de la loi N°016 du 19 mai 2014, op.cit.

CONCLUSION

L'enfant n'est pas un être humain entièrement à part, mais un être humain à part entière avec des droits au même titre qu'un adulte. Il est surtout l'adulte de demain parce que personne ne naît adulte mais tous naissent toujours enfants avant de devenir plus tard des adultes.

À ce titre, l'enfant a besoin d'être soutenu, d'être aimé, d'être bien encadré, bien protégé et bien éduqué pour devenir plus tard un bon adulte pour sa famille, pour sa société et surtout, un bon citoyen pour son pays.

C'est en considération de ces nobles idéaux que la loi accorde aux enfants des droits spécifiques qui correspondent à leur jeune âge en vue de mieux les protéger dans la société.

Et en exerçant ses droits, l'enfant doit respecter les droits des autres enfants ainsi que ceux d'autres personnes parce qu'il n'a pas seulement des droits, il a aussi des devoirs.

Malgré les efforts consentis par le Gouvernement du Tchad et les différents services, institutions et organisations en charge de la protection de l'enfant, nous constatons que les droits de l'enfant ne sont pas bien protégés ou respectés au Tchad de façon efficace, pour plusieurs raisons.

La preuve c'est que jusqu'aujourd'hui, beaucoup d'enfants dans notre pays continuent à souffrir de la pauvreté, de la faim, des mauvais traitements, de la négligence, des conflits armés, des mariages précoces, de la mendicité, d'un accès inégal à l'éducation, de l'exploitation économique, des maladies ou de la mortalité infantile liée aux difficultés d'accès aux soins de santé de qualité, et autres.

Afin de limiter ou réduire davantage toutes ces souffrances des enfants, nous pensons que tout le monde doit faire plus d'effort en contribuant à promouvoir et à respecter les droits fondamentaux garantis aux enfants, que ce soit à l'école, dans les familles, à l'hôpital, en prison, devant les instances judiciaires, dans la rue et partout ailleurs. Ce qui veut dire que l'État, les parents, les enseignants, les médecins, les magistrats, les policiers, les gendarmes, les militaires, les chefs religieux, les leaders d'opinions, les médias, les associations de défense des droits de l'homme, les enfants eux-mêmes et tous, doivent s'engager résolument à respecter et aider à faire respecter les droits de l'enfant[264].

Il convient de souligner par ailleurs, qu'au sein de l'ensemble du dispositif national de promotion et de protection des droits de l'homme en général, et des droits de l'enfant en particulier, nous pensons que l'État et les institutions publiques doivent jouer un rôle moteur aussi bien dans la prévention que dans la répression de toute forme de violation de ces droits.

Ainsi, l'État se doit par exemple entre autres, de :

- Renforcer le système de protection de l'enfant à travers l'adoption et la mise application effective des lois, des politiques, des pratiques et des procédures plus adaptées, destinées à prévenir et à lutter efficacement contre les abus de toute nature pouvant nuire au bien-être de l'enfant ;
- Veiller à l'élimination effective de toutes les pratiques coutumières néfastes à l'égard de l'enfant ;

---

[264] - Sur le rôle du Comité d'experts chargé du contrôle et de la mise en œuvre de la Charte Africaine du Droit et du Bien Être de l'Enfant, voir Dimension Sociale Bénin, Manuel de formation à l'intention des défenseurs des droits de l'homme en Afrique, P.76.

- Promouvoir et vulgariser les textes nationaux et internationaux de protection de l'enfant ;
- Inscrire au programme scolaire officiel l'enseignement des droits de l'homme et de l'enfant ;
- Renforcer continuellement les capacités institutionnelles et opérationnelles des différents acteurs de protection et de promotion des droits de l'enfant[265], afin de les doter des compétences, des connaissances et de la motivation nécessaires leur permettant de contribuer à une protection plus efficace de ces droits ;
- Promouvoir la sensibilisation des différents acteurs impliqués dans la protection des enfants à travers des médias publics et privés, des ateliers de formation et autres, afin que chacun prenne conscience de ses responsabilités dans le dispositif global de protection des droits de l'enfant ;
- Renforcer le dispositif pratique de répression des cas de violation des droits de l'enfant, à tous les maillons de la chaîne pénale ;
- Veiller à la jouissance effective par tous les enfants de leurs droits fondamentaux, non seulement à travers la mise en œuvre des engagements politiques pris en faveur de la protection des enfants, mais également à travers l'application de l'ensemble des instruments juridiques nationaux et internationaux de protection de l'enfant en vigueur au Tchad.

Dans l'espoir que le présent ouvrage pourra apporter une contribution, aussi modeste soit-elle, dans le domaine de protection des droits de l'homme et de l'enfant au Tchad, notre vœu le plus ardent est que la situation de l'enfant tchadien puisse s'améliorer davantage, grâce aux contributions

[265] - Ces différents acteurs sont entre autres les magistrats, les agents de force de sécurité, les autorités administratives et traditionnelles, les organisations de la société civile, etc.

multiformes des différents acteurs en charge de la protection des droits de la personne humaine intervenant dans notre pays.

En attendant que l'avenir nous en dise un peu plus, nous plaidons vivement d'une part, pour une prise de conscience par chaque acteur de l'importance de son rôle ou de sa contribution dans le dispositif global de protection et de promotion des droits de l'enfant au Tchad, et d'autre part, pour une prise de conscience nationale en faveur de la nécessité d'une promotion, d'une protection et du respect efficaces de ces droits au Tchad.

En d'autres termes, tout le monde doit se sentir réellement interpellé à considérer chaque enfant comme son propre enfant, et à lui « accorder tout ce qu'il a de meilleur ». Car, au-delà de toute considération, les enfants qui incarnent naturellement l'avenir de toutes les nations, sont et restent l'héritage le plus précieux que les générations présentes doivent bien préparer en vue d'assurer efficacement la relève des parents dans le futur. Il y va de l'intérêt de tous.

BIBLIOGRAPHIE

a) Ouvrages spécialisés

- **Bureau International des Droits des Enfants (IBCR)** : Cartographie et évaluation du Système de protection de l'enfant et de formation des forces de sécurité sur les droits de l'enfant au Tchad, Montréal (Québec), mai 2014, 108 p. ;
- **Dimension Sociale Bénin** : Manuel de formation à l'attention des défenseurs des droits de l'homme en Afrique, 255 pages ;
- **UNICEF** : la cartographie et l'évaluation du système de protection de l'enfant et la formation initiale et spécialisée relative aux droits de l'enfant au sein des écoles nationales de la police, de la gendarmerie et de la magistrature de la République du Tchad, Version du 21 novembre 2013, 79 pages ;
- **UNICEF** : Manuel des documents d'appui de la formation sur les droits de l'enfant à l'École Nationale de Formation Judiciaire de la République du Tchad, août 2015, 142 pages.

b) Conventions internationales

- Convention relative aux droits de l'enfant adoptée le 20 novembre 1989 par l'Assemblée Générale de l'ONU ;
- Charte Africaine des Droits et du Bien-Être de l'Enfant, adoptée le 11 juillet 1990 par l'Organisation de l'Unité Africaine (OUA) ;
- Convention n° 182 du 17 juin 1999, sur les pires formes de travail des enfants (Entrée en vigueur le 19 nov. 2000) ;
- Déclaration Universelle des Droits de l'Homme du 10 décembre 1948.
- Protocole facultatif à la Convention relative aux droits de l'enfant, concernant la vente d'enfants, la prostitution des enfants et la pornographie mettant en scène des enfants, du 25 mai 2000 ;

- Protocole facultatif à la Convention relative aux droits de l'enfant, concernant l'implication d'enfants dans les conflits armés, du 25 mai 2000 ;
- Protocole Additionnel à la Convention des Nations-Unies contre la Criminalité Transnationale Organisée visant à prévenir, réprimer et punir la traite des personnes, en particulier des femmes et des enfants, 2000.

c) Textes législatifs et réglementaires

- Constitution tchadienne du 31 mars 1996 révisée le 5 juillet 2005 ;
- Constitution tchadienne du 4 mai 2018, révisée par la Loi constitutionnelle N°017/PR/2020 du 14 décembre 2010 ;
- Loi N°008/PR/2013 du 10 mai 2013, portant organisation de l'état civil en République du Tchad ;
- Loi N°016 du 13 mars 2006, portant orientation du système éducatif tchadien ;
- Loi N°011/PR/2013 du 29 mai 2013, portant Code de l'organisation judiciaire au Tchad et Loi N°008/PR/2020 du 9 juin 2020, portant modification dudit Code de l'Organisation judiciaire ;
- Loi N°016/PR/2014 du 19 mai 2014, portant organisation, fonctionnement et règles de procédure devant la Cour suprême.
- Loi N°006/PR/2002 du 15 avril 2002, portant promotion de la santé de reproduction ;
- Loi N°007/PR/99 du 6 avril 1999, portant procédure de poursuite et de jugement des infractions commises par les mineurs de treize (13) ans à moins de 18 ans :
- Loi N°038/PR/1996 du 11 décembre 1996, portant Code du travail en République du Tchad ;
- LOI N° 019/PR/2017 du 28 juillet 2017, portant Régime Pénitentiaire au Tchad ;

- Loi N°13/PR/2010, du 25 août 2010, portant statuts et attributions des autorités traditionnelles et coutumières ;
- Code civil Français de 1958, rendu applicable au Tchad par l'Acte législatif N°001 portant Constitution du 31 mars 1959 et par la loi constitutionnelle N°002/62 du 16 avril 1962 ;
- Nouveau Code de Procédure Civile, Commerciale et Sociale Tchadien (Loi N°028/PR/2020 du 31 décembre 2020, portant Code de Procédure Civile, Commerciale et Sociale) ;
- Code civil français de 1958 rendu applicable au Tchad par l'Acte législatif par l'Acte législatif N°001 portant Constitution du 31 mars 1959 et par la loi constitutionnelle N°002/62 du 16 avril 1962 ;
- Nouveau Code de Procédure Pénale au Tchad (Loi N°012/PR/2017 du 14 juillet 2007) ;
- Nouveau Code Pénal Tchadien (Loi N°001/PR/2017 du 8 mai 2017) ;
- Ordonnance N°018/PR/2018 portant attributions, organisation et fonctionnement du corps de la police judiciaire, du 7 juin 2018 ;
- Ordonnance N°002/PR/2021 du 24 février 2021, portant Organisation, Attribution, Fonctionnement et Règles de Procédure devant la Cour Suprême ;
- Ordonnance N°006/PR/2018 du 30 mars 2018, portant lutte contre la traite des personnes en république du Tchad ;
- Ordonnance N°006/PR/2015 du 14 mars 2015, portant interdiction des mariages d'enfants et fixant l'âge minimum de mariage à 18 ans ;
- Ordonnance N°33/PG.-INT. Du 14 août 1962, portant Code de nationalité tchadienne ;
- Directive présidentielle N°008/PR/EMP/2013 du 10 octobre 2013 portant respect des conditions de l'âge au recrutement au sein de l'armée nationale Tchadienne ;

- Décret N°634/PR/MASF/2000 du 30 décembre 2000, pontant institution du Parlement des enfants ;
- Décret N°55/PR-MTJS-DTMOPS du 8 février 1969, relatif au travail des enfants ;
- Arrêté N°4641/PR/PM/MSPI/SG/DGPN/DRH/2012 du 11 octobre 2012, portant restructuration de la Direction de la Police Judiciaire ;
- Arrêté N°64/PR/PM/MFFSN/SG/DGASSN/DE/2016 du 5 septembre 2016, portant Création des Comités de Protection de l'Enfant dans toutes les Régions du Tchad.

d) Rapports, articles, périodiques et supports des cours :

- **Claude ARDITI**, les « enfants bouviers » du sud du Tchad, nouveaux esclaves ou apprentis éleveurs ? http://www.caim.ifo/publication-de-Artidi-Claude-257.-htm; ou http://etudesafricaines.revues.org/
- **Droits de l'Homme sans Frontières (DHSF) :** rapport alternatif en vertu du Rapport périodique du Gouvernement tchadien sur la mise en œuvre de la Convention relative aux Droits de l'homme, novembre 2007, 28p ;
- **Institut National de la Statistique, des Études Économiques et Démographiques (INSEED) :** Enquête Démographique et de Santé et à Indicateurs Multiples au Tchad (EDS-MICS) 2014-2015 ;
- **LOUABALBE KADJONKA, « la recherche des preuves sur les violences basées sur les genres (VBG) », support des formations** des magistrats et OPJ du ressort des cours d'appel d'Abéché et de Mongo, à Abéché, mars 2017 ;
- **Ministère de la Justice et des Droits de l'Homme :** premier, deuxième, troisième et quatrième rapports de la République du Tchad relatifs à la mise en œuvre de la Charte

Africaine du Droit et du Bien-Être de l'Enfant, décembre 2014, N'Djamena, 116 pages :

- **Ministère de la Justice Chargé des Droits humains :** Stratégie intérimaire de Justice juvénile Tchad, 2016, 47 pages ;
- **Organisations de la Société Civile Tchadienne :** rapport complémentaire au Comité Africain d'experts sur les Droits et le Bien-être de l'Enfant, 2016, N'Djamena, 30 pages.

e) **Dictionnaires et encyclopédies :**

- Dictionnaire Encarta 2008 (version numérique) ;
- Dictionnaire Juridique Pratique : « La droite de A à Z », 3ème Édition Juridique Européenne (EJE), Paris1998 ;
- **Serge Guichard et autres**, Lexique des termes juridiques, 23ème Édition Dalloz, Paris 2015-2016.

f) **Sites internet et autres supports numériques :**

- **www.caim.ifo;**
- www.crin.org;
- **www.droits-enfant.org;**
- www.humanium.org/fr/convention;
- https://www.iom.int/fr/propos-de-loim;
- http://www.sos-childrensvillages.org/;
- Microsoft Encarta 2009.

DOCUMENTS ANNEXES

ANNEXES N°1 : Schéma du déroulement chronologique de la procédure de jugement des mineurs poursuivis en qualité d'auteurs ou complices présumés d'infractions pénales :

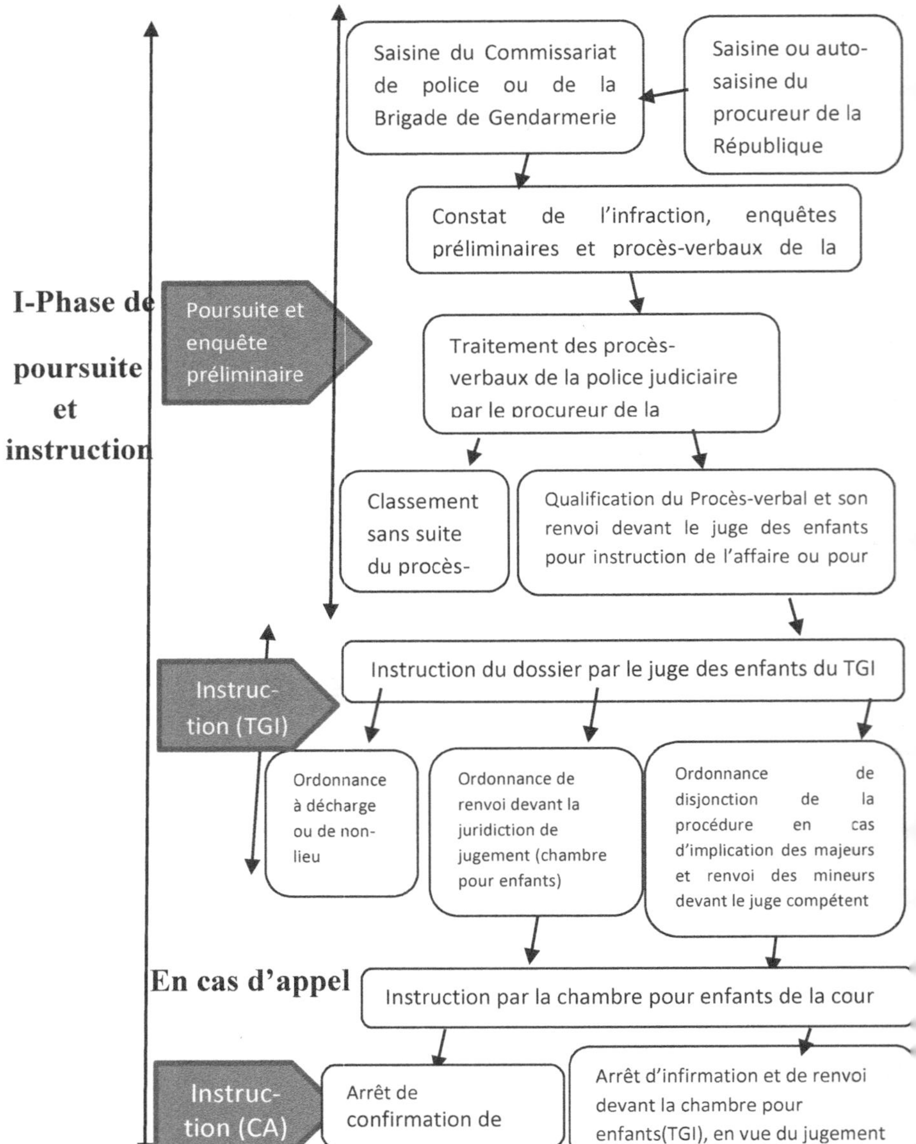

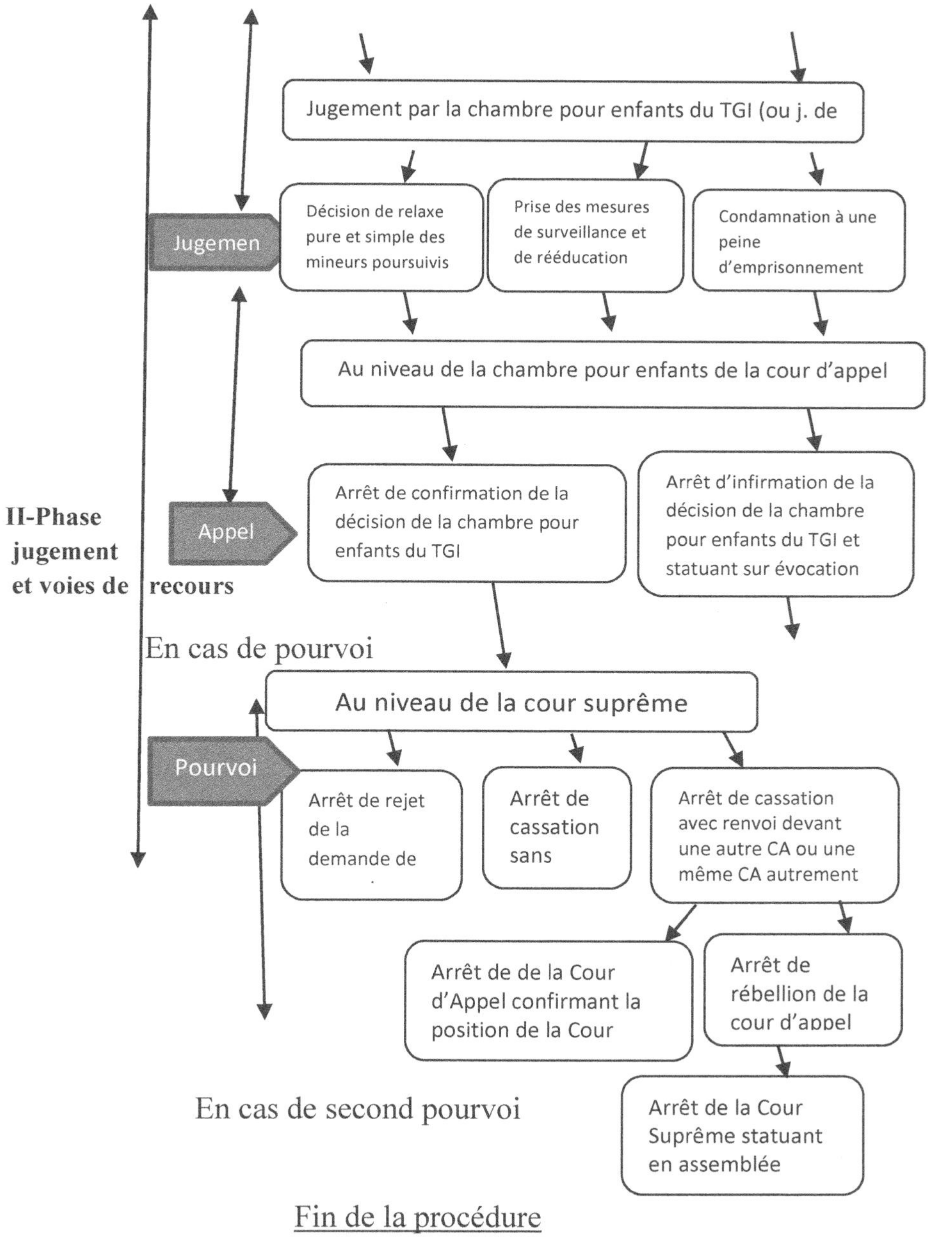

Jugement par la chambre pour enfants du TGI (ou j. de
Jugemen
Décision de relaxe pure et simple des mineurs poursuivis
Prise des mesures de surveillance et de rééducation
Condamnation à une peine d'emprisonnement
Au niveau de la chambre pour enfants de la cour d'appel
Appel
Arrêt de confirmation de la décision de la chambre pour enfants du TGI
Arrêt d'infirmation de la décision de la chambre pour enfants du TGI et statuant sur évocation
II-Phase jugement et voies de recours
En cas de pourvoi
Au niveau de la cour suprême
Pourvoi
Arrêt de rejet de la demande de
Arrêt de cassation sans
Arrêt de cassation avec renvoi devant une autre CA ou une même CA autrement
Arrêt de de la Cour d'Appel confirmant la position de la Cour
Arrêt de rébellion de la cour d'appel
En cas de second pourvoi
Arrêt de la Cour Suprême statuant en assemblée
Fin de la procédure

ANNEXE N°2 : Tableau récapitulatif des statistiques relatives au nombre des infractions commises par les mineurs et connues par la chambre pour enfants du Tribunal de Grande Instance de N'Djaména, durant la période 2015- 2017

Années	**Nature des infractions commises**	**Nombre des cas enregistrés**
2015	Vol, recel et complicité	09
	Viol	04
	Détention d'arme	02
	Coups et blessures volontaires mortels (CBVM)	01
2016		
	Vol, recel et complicité	14
	Viol	01
	Coups et blessures volontaires mortels (CBVM)	10
	Association des malfaiteurs	03
	Consommation de la drogue	03
	Coups et blessures volontaires (CBV)	03
2017		
	Vol, recel et complicité	32
	Viol	06
	Coups et blessures volontaires mortels (CBVM)	08
	Assassinat	01
	Association des malfaiteurs	03
	Coups et blessures volontaires (CBV)	05
	Avortement	03
	Homicide involontaire	01

Source : Chambre pour enfants du TGI de N'Djamena

ANNEXE N°3 : L'AGE DE L'ENFANT SELON LES TEXTES JURIDIQUES APPLICABLES AU TCHAD

Données	**Âge juridique de l'enfant**	**Fondement ou base juridique**
Personnalité juridique	Dès la naissance	Article 2 du projet du Code de protection de l'enfant
Définition générale de l'enfant	0 à – 18 ans	Article 1er de la CDE et article 2 de la CADBE
Education fondamentale obligatoire garantie par l'Etat	06 à 16 ans	Article 4 de la loi N°06/PR/2006 du 13 mars 2006, portant orientation du système éducatif tchadien
Majorité pénale (âge minimum)	13 ans révolus	Articles 1er, 22 et 27 de la loi N°007/1999, article 64 du NCPT
Majorité civile	18 ans	Article 488 Code civil
Droit de vote	18 ans révolus	Article 6 de la Constitution de 1996 et 2020
Droit de se marier (ou consentement au mariage)	18 ans révolus pour les hommes et les femmes	-Article 144 code civil français de 1958 applicable au Tchad ; -Article 2 de l'Ordonnance N°006/PR/2015 du 14 mars 2015, portant interdiction des mariages d'enfants, ordonnance ratifiée par la loi N°029/PR/2015 du 21 juillet 2015

Admission à l'emploi	14 ans révolus	-Article 52 de la Loi N°038/PR/96 du 11/12/1996 portant Code du travail ; - Article 1er du Décret N°55/PR-MTJS/TDMOPS du 8 février 1969, relatif au travail des enfants.
Adhésion à un syndicat	16 ans révolus	Article 29, alinéa 3 de la loi N°038 du 11 décembre 1996, portant code du travail
Travail de nuit (de 22 heures à 5 heures du matin)	18 ans révolus	Articles 204 et 206 du code de la loi N°038 du 11 décembre 1996, portant Code du travail
Recrutement dans les forces de défense et de sécurité	18 ans révolus	Article 3, point 4 de la Directive présidentielle N°008/PR/EMP/2013 du 10 octobre 2013, portant respect des conditions de l'âge de recrutement au sein de l'armée nationale Tchadienne
Permis de conduire	-16 ans pour la catégorie A ; -18 ans pour la catégorie B et C ; 21 ans pour la catégorie D	-Article 1er de l'Acte N°07/89/UDEAC-495 portant code de route de l'UDEAC ; -Article 128 du Décret N°172 du 16 septembre 1971, portant répression des contraventions au Code de la route.
Consommation d'alcool ou fréquentation des bars et débits de boissons	16 ans révolus	Article 12 du Décret N°100/AFF.SOC du 18 juin 1963, relatif à la protection de l'enfance et de l'adolescence ; Article 376 du NCPT

Fréquentation des salles de cinéma et des établissements offrant des spectacles de nature à exercer une influence nocive sur la santé ou la moralité de la jeunesse, par des mineurs non accompagnés.	16 ans révolus	-Article 13 du Décret N°100/AFF.SOC du 18 juin 1963, relatif à la protection de l'enfance et de l'adolescence ; -Article 376 et 380 du NCPT.

Sources :

- **Bureau International des Droits des Enfants (IBCR)** : Cartographie et évaluation du Système de protection de l'enfant et de formation des forces de sécurité sur les droits de l'enfant au Tchad, Montréal (Québec), Mai 2014, P.97 ;
- **Textes législatifs et réglementaires en vigueur au Tchad**.

ANNEXE N°4 : EXPLICATION DES TERMES CLES [266]

- **Accusé :** une personne poursuivie pour une infraction et qui doit de ce fait être traduite devant la juridiction compétente pour y être jugée ; le terme « *accusé* » est le synonyme de *« prévenu »* ;
- **Adulte :** « une personne parvenue à sa maturité physique, intellectuelle et psychologique » ; toute personne âgée de dix-huit (18) ans et plus et qui de ce fait est capable d'accomplir tous les actes de la vie civile, professionnelle, politique et autres ;
- **Arrêt :** Décision de justice rendue par une juridiction appelée cour (exemple : un arrêt de la cour d'appel, de la Cour Suprême, etc.)
- **Complice :** Une personne qui a participé indirectement à une infraction commise par une autre ou par d'autres personnes ;

Un complice d'une infraction est sanctionné généralement de la même peine que l'auteur principal, c'est-à-dire la personne qui a directement et personnellement commis l'infraction ;

- **Coupable :** Une personne reconnue responsable d'une infraction ou comme étant impliquée à titre principal dans la commission d'une infraction ;
- **Crime :** C'est une infraction pénale punie d'une peine d'emprisonnement à temps (c'est-à-dire pour une durée limitée) ou à perpétuité (c'est-à-dire un emprisonnement à vie) ; C'est l'infraction pénale la plus grave parce que la loi classe les

[266] - Sur les différentes définitions des termes clés ci-dessous, voir respectivement : Dictionnaire Encarta 2008 (version numérique), Dictionnaire Juridique Pratique : « La droit de A à Z », 3ème Edition Juridique Européenne (EJE), Paris1998, **Serge Guichard et autres**, Lexique des termes juridiques, 23ème Edition Dalloz, Paris 2015- 2016, etc.

infractions pénales selon leur degré de gravité décroissante en crimes, délits et contraventions de simple police ;

- **Déplacés ou personnes déplacées :** Ce sont des personnes qui sont obligées de quitter leur résidence habituelle pour chercher refuge dans un autre endroit de leur pays d'origine ou du pays dont elles ont la nationalité. Exemple : les personnes qui quittent leurs maisons ou villages pour fuir les attaques des terroristes et vont vivre dans des camps des déplacés spécialement aménagés à cet effet sur le territoire national.
- **Détenu :** Toute personne qui est admise ou retenue dans un lieu de détention, soit à titre provisoire en attendant son jugement ou la fin de l'enquête, soit à titre définitif après être condamnée à une peine d'emprisonnement ;
- **Disjonction de la procédure :** C'est le fait de subdiviser une procédure judiciaire initiale en deux (02) procédures distinctes, pour des raisons évidentes. Par exemple, dans une affaire impliquant à la fois des majeurs et des mineurs, la disjonction de la procédure aura pour conséquence de confier le traitement des mineurs à la juridiction pour enfants et celui des adultes, à la juridiction ordinaire ou de droit commun (article 14 de la loi N°007 op.cit.) ;
- **Devoirs de l'enfant :** Il s'agit de tout ce que la loi impose à chaque enfant de faire ou de ne pas faire aux autres. Ce sont les obligations que la loi impose à l'enfant et dont le non-respect engage sa responsabilité vis-à-vis des personnes concernées ;
- **Droits de l'enfant :** C'est l'ensemble des valeurs ou avantages que la loi reconnaît aux enfants pour leur garantir une meilleure condition de vie et les protéger dans la société, notamment contre toute forme de mauvais traitement, de négligence ou autres abus ;

- **Droits de l'homme :** Ensemble des droits fondamentaux inhérents à la nature humaine, c'est-à-dire antérieurs et supérieurs à l'État et que celui-ci doit respecter non seulement dans l'ordre des buts, mais aussi dans l'ordre des moyens ; c'est l'ensemble des valeurs et avantages que la loi reconnaît à tous les êtres humains sans distinction, dès la naissance, pour les protéger dans la société ;

Les droits de l'homme sont à la fois **universels** (c'est-à-dire les mêmes pour tous les êtres humains sans distinction), **inaliénables** (c'est-à-dire qu'ils ne peuvent faire l'objet d'un abandon ou de renoncement par leurs titulaires), **indivisibles** (c'est-à-dire avec les mêmes valeurs ou non hiérarchisées) et **interdépendant**s (c'est-à-dire ces différents droits forment un tout indissociable) ;

- **Enfant :** Un « descendant au premier degré », synonyme de « fils de » ; Un enfant désigne tout être humain âgé de moins de dix-huit (18), c'est-à-dire de zéro (0) à moins de dix-huit (18 ans) ;
- **Enfant en conflit avec la loi :** C'est tout enfant qui est accusé ou poursuivi en tant qu'auteur ou complice présumé, ou reconnu coupable d'une infraction pénale. Cette expression peut désigner également des enfants en situation de clandestins ou demandeurs d'asile ;
- **Enfant en contact avec la loi :** tout enfant qui est confronté au système judiciaire, soit en tant que victimes de la violation de ses droits (ex : enfant victime d'un cas de viol), soit en tant que témoin (d'une infraction quelconque) ou soit en tant qu'enfant en conflit avec la loi ;
- **Enfant en danger :** Ce sont des enfants qui se retrouvent dans une situation où ils sont exposés à des risques concernant leur santé, leur vie, leur éducation ou autres, tels que

les enfants abandonnés, les enfants victimes des tortures, et autres.

- **Enfant soldat :** C'est « un être humain âgé de moins de 18 ans, recruté par une armée ou participant simplement à un conflit armé ». Au sens large du terme, il peut s'agir d'un enfant qui porte un uniforme et une arme ou d'un enfant recruté au sein d'une force ou d'un groupe armé, en tant que cuisinier, gardien, espion, messager, garde du corps, esclave sexuel[267] ;
- **Enquête préliminaire :** « Enquête diligentée d'office ou à la demande du parquet par la police ou la gendarmerie avant l'ouverture de toute information judiciaire et permettant au ministère public d'être éclairé sur le bien-fondé d'une poursuite » ;
- **Garde à vue :** C'est le fait de retenir ou de garder de façon provisoire une personne suspectée d'une infraction ou accusée d'avoir commis une infraction, au poste de police ou de gendarmerie, pour le besoin de l'enquête ;

C'est toute détention provisoire dans les locaux de la police judiciaire pour le besoin de l'enquête, d'une personne soupçonnée (ou suspectée) d'avoir commis ou d'avoir été complice d'une infraction punie d'une peine d'emprisonnement.

La garde à vue peut être ordonnée par le procureur de la République ou d'office par la police judiciaire. Au Tchad, le délai de garde à vue déterminée par la loi est de 48 heures renouvelable une seule fois sur ordre du procureur de la République, en ce qui concerne les adultes, et de dix (10) heures maximal, en ce qui concerne les mineurs ;

- **Inculpé :** Une *« personne soupçonnée d'une infraction pendant la période d'instruction »*, c'est-à-dire avant qu'elle ne soit reconnue formellement coupable ; c'est une *« personne présumée coupable d'un délit » ;*

---

[267] - Sur la définition de l'enfant soldat, voir www.humanium.org/fr/

- **Infraction :** Tout acte ou comportement qui trouble l'ordre social défini par la loi, ou qui constitue une violation de la loi et qui de ce fait, est sanctionné par des peines prévues par la loi.
- **Infraction pénale :** Une infraction pénale désigne tout acte ou comportement prévu et sanctionné par la loi pénale ou le Code pénal (à l'exemple des cas de vol, de viol, des coups et blessures volontaires sur une personne quelconque, etc.) ;
- **Instruction :** *« Phase de l'instance pénale consistant une sorte d'avant procès qui permet d'établir l'existence d'une infraction et de déterminer si les charges relevées à l'encontre des personnes poursuivies sont suffisantes pour qu'une juridiction de jugement soit saisie ».* Cette phase est obligatoire en matière de crime (et dirigée par le juge d'instruction, le juge pour enfant et éventuellement la chambre d'accusation ou la chambre pour enfants de la cour d'appel) ;
- **Jugement :** Terme général désignant toute décision de justice rendue par une juridiction de première instance (à l'exemple du TGI, de la justice de paix, du tribunal de commerce, etc.) ;
- **Jugement avant dire droit :** « Décision prise au cours de l'instance soit pour aménager une situation provisoire (jugement provisoire ordonnant la mise sous séquestre d'un bien litigieux, ou la garde d'enfant), soit pour organiser l'instruction (jugement préparatoire). Un tel jugement n'a pas d'autorité de la chose jugée ».
- **Mineur :** Un individu qui n'a pas encore atteint l'âge de la majorité et qui de ce fait est protégé de façon spéciale par la loi ; le terme *« mineur »* est souvent assimilé à celui de *« l'enfant »* et l'opposé de l'*« adulte* » qui, lui, désigne toute personne ayant atteint l'âge de la majorité ;
- **Partie civile :** « Nom donné à la victime d'une infraction lorsqu'elle exerce les droits qui lui sont reconnus en cette qualité

devant les juridictions répressives ». C'est une personne physique ou morale (dans certains cas), victime directe ou indirecte, réelle ou présumée d'une infraction, et qui de ce fait peut prétendre à une réparation du/des préjudices subis, ayant résulté de ladite infraction.

Par exemple, lorsqu'une personne décède suite à des actes de tortures dont elle a été victime dans un commissariat de police, les ayants droit de cette personne décédée peuvent déposer une plainte avec constitution de « partie civile », devant les juridictions compétentes contre les auteurs présumés de ces actes de torture, afin de demander réparation des préjudices subis du fait de ce décès ;

- **Personne "civilement responsable" :** c'est la personne « que la loi désigne comme tenue d'assurer les conséquences pécuniaires d'un dommage dont l'auteur est une personne dont elle doit répondre ou en raison de ce que le dommage provient d'un bien meuble ou immeuble dont elle a la garde juridique ».

Par exemple, les parents sont civilement responsables des dommages causés à autrui par leurs enfants mineurs, et l'assureur est également tenu de réparer les dommages subis par ses assurés.

- **Personnes sinistrées** : Ce sont les personnes qui sont victimes des catastrophes naturelles telles que les inondations, les tornades, les tremblements de terre ou autres qui détruisent leur maison ou leur village, les exposant aux maladies, à la faim, à la mort ou à d'autres difficultés. Ce sont des personnes en situation d'urgence qui ont besoin d'une prise en charge spéciale.

- **Police judiciaire :** C'est un corps ou un service spécialisé de la police et de la gendarmerie qui est chargé de constater les infractions à la loi pénale, d'en réunir les éléments de preuve, et d'en rechercher les auteurs[268], en vue de les

[268] - Sur la mission de la police judiciaire, voir article 176 du CCPT ou article 237 NCPPT.

remettre à la disposition du procureur de la République pour la suite de la procédure ;

La police judiciaire est également chargée d'exécuter les instructions du procureur de la République, du juge d'instruction ou du juge pour enfants, au cas où ceux-ci sont déjà saisis d'une infraction quelconque.

- **Pornographie mettant en scène des enfants :** « toute représentation, par quelque moyen que ce soit, d'un enfant s'adonnant à des activités sexuelles explicites, réelles ou simulées, ou toute représentation des organes sexuels d'un enfant, dont la caractéristique dominante est d'être réalisée à des fins sexuelles ».
- **Prostitution d'enfants :** c'est « le fait d'utiliser un enfant aux fins d'activités sexuelles contre rémunération ou toute autre forme d'avantage » ;
- **Réfugiés ou personnes réfugiées** : Ce sont les personnes dont la vie est menacée dans leur pays d'origine pour diverses raisons et qui sont obligées de fuir pour vivre dans un autre pays.
- **Retournés ou personnes retournées :** Il s'agit des personnes qui, après avoir séjourné dans un pays étranger, sont revenues dans leur pays d'origine et cela, sous la contrainte d'un ou des événements mettant en danger leur vie ou leur sécurité ; Exemple : un groupe des Tchadiens qui avaient vécu un temps au Nigeria et qui décident de revenir (en masse) au Tchad parce qu'ils ne se sentent plus en sécurité là-bas, à cause des menaces d'attaques terroristes.
- **Viol :** tout acte de pénétration sexuelle, de quelque nature que ce soit, commis sur la personne d'autrui, en usant de la violence physique ou morale ; toute relation sexuelle par la force, c'est-à-dire sans le consentement ou l'accord de la victime ; le viol est une infraction pénale qualifiée de crime et qui est punie comme tel.

Table des matières

Imprimerie des Éditions Toumaï
Avenue Taïwan
B.P: 5451 N'Djaména-Tchad
Tél:+235 63 05 65 02
e-mail: editionstoumai30@yahoo.com

www.ingramcontent.com/pod-product-compliance
Lightning Source LLC
LaVergne TN
LVHW010755051026
849532LV00007B/2373

* 9 7 8 2 3 7 6 7 0 0 8 1 4 *